조선에서
무인되기

조선에서
무인되기

초판 1쇄 인쇄 2024년 11월 18일
초판 1쇄 발행 2024년 12월 2일
—

기 획 한국국학진흥원
지은이 노영구
펴낸이 이방원

책임편집 박은창   **책임디자인** 손경화
마케팅 최성수·김 준   **경영지원** 이병은
—

펴낸곳 세창출판사

신고번호 제1990-000013호 주소 03736 서울특별시 서대문구 경기대로 58 경기빌딩 602호

전화 02-723-8660 팩스 02-720-4579 이메일 edit@sechangpub.co.kr 홈페이지 http://www.sechangpub.co.kr

블로그 blog.naver.com/scpc1992 페이스북 fb.me/Sechangofficial 인스타그램 @sechang_official
—

ISBN 979-11-6684-365-5 94910
        979-11-6684-164-4 (세트)

© 한국국학진흥원 인문융합본부, 문화체육관광부

한국국학진흥원 전통생활사총서 22

조선에서
무인되기

노영구 지음
한국국학진흥원 기획

세창출판사

한국국학진흥원에서는 2022년부터 문화체육관광부의 지원
으로 전통생활사총서 사업을 기획하였다. 매년 생활사 전문 연
구진 20명을 섭외하여 총서를 간행하기로 했다. 지난해에 20종
의 총서를 처음으로 선보였다. 전통시대의 생활문화를 대중에
널리 알리기 위한 여정은 계속되어 올해도 20권의 총서를 발간
하였다.

한국국학진흥원은 국내에서 가장 많은 약 65만 점에 이르는
민간기록물을 소장하고 있는 기관이다. 대표적인 민간기록물
로 일기와 고문서가 있다. 일기는 당시 사람들의 일상을 세밀하
게 이해할 수 있는 생활사의 핵심 자료이고, 고문서는 당시 사
람들의 경제 활동이나 공동체 운영 등 사회경제상을 이해할 수
있는 자료이다.

한국의 역사는 '조선왕조실록'이나 '승정원일기'와 같이 세계
적으로 자랑할 만한 국가기록물의 존재로 인해 중앙을 중심으
로 이해되어 왔다. 반면 민간의 일상생활에 대한 이해나 연구
는 관심을 덜 받았다. 다행히 한국국학진흥원은 일찍부터 민간

에 소장되어 소실 위기에 처한 자료들을 수집하고 보존처리를 통해 관리해 왔다. 또한 이들 자료를 번역하고 연구하여 대중에 공개했다. 이러한 민간기록물을 활용하고 일반에 기여할 수 있는 방법으로 '전통시대 생활상'을 대중서로 집필하여 생생하게 재현하여 전달하고자 했다. 일반인이 쉽게 읽을 수 있는 교양학술총서를 간행한 이유이다.

총서 간행을 위해 일찍부터 생활사의 세부 주제를 발굴하는 전문가 자문회의를 개최하고, 전통시대 한국의 생활문화를 가장 잘 구현할 수 있는 핵심 키워드를 선정하였다. 전통생활사 분류는 인간의 생활을 규정하는 기본 분류인 정치, 경제, 사회, 문화로 지정하였다. 이를 기반으로 매년 각 분야에서 핵심적인 키워드를 선정하여 집필 주제를 정했다. 이번 총서의 키워드는 정치는 '과거 준비와 풍광', 경제는 '국가경제와 민생', 사회는 '소외된 사람들의 삶', 문화는 '교육과 전승'이다.

각 분야마다 5명의 집필진을 해당 어젠다의 전공자로 구성하였다. 어디서나 간단히 들고 다니며 쉽게 읽을 수 있도록 최대한 이야기체 형식으로 서술해 달라고 부탁하였다. 다양한 사례의 풍부한 제시와 전문연구자의 시각이 담겨 있어 전문성도 담보할 수 있는 것이 본 총서의 매력이다.

전문적인 서술로 대중을 만족시키기는 매우 어렵다. 원고

의뢰 이후 5월과 8월에는 각 분야의 전공자를 토론자로 초청하여 2차례의 포럼을 진행하였다. 11월에는 완성된 초고를 바탕으로 1박 2일에 걸친 대규모 학술대회를 개최하였다. 포럼과 학술대회를 바탕으로 원고의 방향과 내용을 점검하는 시간을 가졌다. 원고 수합 이후에는 각 책마다 전문가 3인의 심사의견을 받았다. 2024년에는 출판사를 선정하여 수차례의 교정과 교열을 진행했다. 책이 나오기까지 꼬박 2년의 기간이었다. 짧다면 짧은 기간이다. 그러나 2년의 응축된 시간 동안 꾸준히 검토 과정을 거쳤고, 토론과 교정을 통해 원고의 완성도를 높이기 위해 분주히 노력했다.

전통생활사총서는 국내에서 간행하는 생활사총서로는 가장 방대한 규모이다. 국내에서 전통생활사를 연구하는 학자 대부분을 포함하였다. 2023년도 한 해의 관계자만 연인원 132명에 달하는 명실공히 국내 최대 규모의 생활사 프로젝트이다.

1990년대 이후 폭발적으로 증가했던 일상생활사와 미시사 연구에 대한 학계의 관심이 근래에는 소홀해진 상황이다. 본 총서의 발간이 생활사 연구에 활력을 불어넣는 계기가 되기를 기대한다. 연구의 활성화는 연구자의 양적 증가로 이어지고, 연구의 질적 향상 또한 이끌 것이다. 그렇게 된다면 전통문화에 대한 대중들의 관심 역시 증가할 것으로 기대한다.

본 총서는 한국국학진흥원의 연구 역량을 집적하고 이를 대중에게 소개하기 위해 기획된 대표적인 사업의 하나이다. 참여한 연구자의 대다수가 전통시대 전공자이며 앞으로 수년간 지속적인 간행을 준비하고 있다. 올해에도 20명의 새로운 집필자가 각 어젠다를 중심으로 집필에 들어갔고, 내년에 또 20권의 책이 간행될 예정이다. 앞으로 계획된 총서만 100권에 달하며, 여건이 허락되는 한 지속할 예정이다.

　　대규모 생활사총서 사업을 지원해 준 문화체육관광부에 감사하며, 본 기획이 가능하게 된 것은 한국국학진흥원에 자료를 기탁해 준 분들 덕분이다. 다시 감사드린다. 아울러 총서 간행에 참여한 집필자, 토론자, 자문위원 등 연구자분들께도 감사 인사를 전한다. 책의 편집을 책임진 세창출판사에도 감사드린다. 이 모든 과정은 한국국학진흥원 여러 구성원의 노력이 있었기에 가능했다.

2024년 11월
한국국학진흥원 인문융합본부

차례

책머리에   4
들어가는 말   10

1. 조선시대 문무 인식과 무과의 성립   13

조선 전기의 문무 인식   15
조선 후기 문무 이해와 문무일치론   21
조선 초 무과 창설과 시험 규정   27
『경국대전』의 무과 시행 절차   31

2. 교육기관을 통한 무관 만들기   37

조선 전기 훈련원과 무관 양성   39
조선 후기의 무학과 능마아청   44

3. 무과의 종류와 과목   53

무과의 종류   55
무과의 절차   70
무과와 각종 시취의 과목   73

4. 조선 무인의 무과 준비   85

16세기 후반 이순신 사례   87
18세기 후반 노상추 사례   92

군영 군인의 사례   107

5. 문인의 유장儒將으로의 자임과
문인의 무과 응시   119

조선 전기 유장의 대두   121

16세기 후반 이후 문인의 무과 응시 확대   132

권무청의 설립과 사족에 대한 권무   138

17세기 중반 이후 문인의 무인 전환과
　　　　무인의 병학 능력 향상   143

6. 조선 후기 무과의 폐단과 개선안   149

조선 후기 무과의 폐단   151

실학자의 무과 개선안   160

나오는 말   169

주석   175

참고문헌   179

오늘날 우리 사회에서는 조선 사회를 양반 중 학문과 사상을 담당하는 문반 관인들이 주도하는 양반 사회로 이해하는 것이 일반적이다. 그리고 문文과 무武를 분리하여 이해하거나 상하 관계로 이해하기도 하며, 조선의 문치주의에 대한 올바른 이해 없이 문치를 단순히 문약文弱으로 치부하여 조선 사회를 부정적으로 이해하는 경우가 적지 않다. 유약한 조선 사회의 지배층과 현대의 강한 이미지의 지도자를 대비하여 후자를 이상으로 보는 경향도 적지 않게 나타난다. 그러나 이것은 군사국가로서 근대화에 성공했던 일본에 대한 동경 및 일제의 식민지배에 대한 긍정적 이해를 낳거나 더 나아가 1960년대 이후 한 세대 동안의 군사정권 시대를 동경하여 그 부정적 잔영이 아직도 우리의 주변에 맴돌고 있게 하는 배경이 되는지도 모르겠다. 그러나 과연 조선의 문치주의가 문약한 것이라는 이해가 올바른 것인지 생각해 볼 필요가 있다. 문치주의는 문약과 유사한 단어가 아니라 제도와 법률에 따른 통치체제를 의미한다. '문'이란 단어는 무와 곧바로 대비되는 것이 아니고 보편적인 문자와 제도를 공유하는 문명文明에 가까운 개념임에도 불구하고 한국 사회에서는 아직도 문치주의를 상당히 부정적인 용어인 양 사용하고 있는 경우가 적지 않다. 더 나아가 과도한 세력을 가지고 무리하게 일을 추진하거나 강력한 힘을 자랑하는 것을 동경하는 일종의 마초이즘적인 정서마저도 팽배한 실정이다.

군사, 즉 무의 영역에 대한 충분하지 못한 이해는 조선의 정치, 사회 및 군사체제 전반에 대한 이해의 부족과 관련을 가진다. 1980년대 이전까지 한국 역사학계에서는 조선의 군사체제를 정치체제의 하나로 이해하여 과도한 정치사적 해석을 하거나 일반적 정치체제 이해의 한 부분으로 이해하는 경우가 대부분이었다. 문인 학자나 가문에 대해 적지 않은 연구가 나타나 조선시대 사족士族 중심의 양반 사회 전반에 대한 충분한 이해가 가능하게 되었다. 이에 비해 2000년대 이전까지 조선의 무인과 그 가문의 존재 양상에 대해서는 충분한 연구가 이루어지지 못하였다. 다행히 최근 조선의 무인과 무인 가문에 대한 사례 발굴, 그리고 무반 벌열 가문의 존재 양상에 대한 다양한 연구가 나타나기 시작하였고 아울러 무관 양성에서 가장 중요한 제도인 무과에 대해 무과 방목을 통한 다양한 해석이 이루어지고 있다. 이에 더 나아가 조선의 문과 문에 대한 인식의 변화 양상까지 검토가 이루어지고 있다.

이 책에서는 조선에서 무인이 될 수 있는 방법 중 가장 중요한 제도인 무과를 중심으로 '조선의 무인되기'라는 테마를 살펴 조선시대에는 어떤 경로를 통해 무인 또는 무관이 되고 그 정체성을 갖게 되는지에 대한 내용을 다루려고 한다. 이를 위해 그동안 문과에 대비되지만 상대적으로 존재감이 낮았던 무과 제도의 성립과 변천 등을 검토하고 아울러 무과를 준비하기 위한 무인들의 노력, 시기별 무에 대한 인식과 무인의 존재 양상의 변화 등을 다루고자 한다. 이를 통해 그동안 조선을 지탱하던 양반의 한 축인 무반의 존재 양상을 드러내고 그동안 이른바 문치주의를 바탕으로 문화적으로 상당한 수준의 정치사회적 체제를 만들었던 조선이 문약한 국가였을 것이라는 기존의 오해를 불식시킬 수 있을 것으로 기대한다.

조선시대
문무 인식과
무과의 성립

조선 전기의 문무 인식

고려시대 이후부터 문과 무라는 개념은 언제나 두 가지가 함께 갖추어지고 상호 경중 없이 대등하여야 한다는 문무겸전文武兼全을 이상적인 형태로 인식되었다. 문무의 상보적인 균형을 중시하던 인식은 대외적인 위기가 계속되었던 고려 후기 이후에는 매우 광범위하게 퍼졌다. 고려 말 성리학자인 정몽주는 문과 무 중 하나를 배제함 없이 상보적으로 두루 사용하여야 한다는 문무병용文武並用을 주장했고 이를 시세에 따른 임시변통의 방략이 아닌 시대와 국가를 막론하고 적용되는 대원칙(常經)으로 인식하였다.[1] 심지어 같은 시기의 정치사상가인 이색李穡의 경우에는 왜구와 홍건적의 침략이라는 국가적 위기 상황에서 문보다 무를 상대적으로 우위에 놓으며 군사적인 대비인 무비武備를 강조하기도 하였다.

대외적 위기와 무에 대한 중요성이 강조되던 상황에서 14세기 중반 공민왕은 문무 관원의 양성을 위해 개경의 성균관으로부터 지방의 향교에 이르기까지 모든 교육기관에 문학文學과 무학武學을 함께 개설할 것을 명령하였다. 고려 말기인 공양왕 2년(1390)에는 도평의사사都評議使司가 '문무의 두 도道를 폐할 수 없다'고 하고 무관 인재 등용 시험인 무과를 설치할 것을 요청함에 따라 무과가 우리 역사에서 처음으로 상설화되었다. 무관의 등용이 정식으로 제도적 기틀을 갖추게 되면서 그 직후 건국된 조선에서도 무과는 문과와 병행하여 실시되었고, 이를 통해 출사한 무반 관인은 문반과 함께 조정을 구성하고 국가를 통치하는 지배 계층인 '양반兩班'을 구성하게 되었다.

고려 말기인 14세기 후반 이후 15-16세기인 조선 전기에 걸쳐 문무겸전, 문무겸용 등의 주장이 널리 표방되고 무관 양성과 등용을 위한 제도적 정비가 이루지고 있었음에도 불구하고 조선 전기에는 문무를 동등하게 이해하는 문무일체文武一體라는 입장보다는 무에 대한 문의 상대적인 우위를 인정하는 시각도 적지 않았다.[2] 예를 들어 15세기 초 태종 대, 무과에도 급제자에 대한 잔치인 은영연恩榮宴의 의례를 문과와 동등하게 베풀어 달라는 예조의 요청에 대해 태종은 무사의 활쏘기는 유생의 경전 궁구窮究에 미치는 수준이 아니라면서 거절하였다. 태종의 이러한 입장에 대해 일부 신하들은 문무를 병용竝用하는 것은 가可하지만 문무를 병립하는 것은 불가하다고 주장했고, 무과를 설치한 것도 문무병립을 위한 것이 아닌 무사를 권장하기 위한 것에 지나지 않는다고 주장하기도 하였다. 그러나 15세기 중반까지 북방의 위협 지속과 영토 확장의 과정에서 특정한 문화에 우열을 나누지 않고 실용적인 입장에서 현상과 사물을 이해하려고 하였던 세종 시대까지는 무보다 문을 우위에 두는 차별적인 태도가 그다지 드러나지는 않았다.[3]

조선 초기에는 김종서와 같이 문신이지만 무신적인 소양이 높아 대외 정벌전이나 영토 확장 등을 담당하였던 인물이 있는가 하면 무관 중 정승이 된 경우도 있었는데, 대표적인 인물로는 건주여진 정벌전을 지휘한 무관인 최윤덕崔潤德을 들 수 있다. 최윤덕을 우의정에 임명하기 전 세종이 김종서와 그의 인물됨을 평가하며 나눈 대화는 무인에 대한 당시 평가의 일단을 엿볼 수 있다.

　　임금이 좌대언 김종서에게 이르기를, "경은 최윤덕을

아는가” 하니 [김종서가] 대답하기를, “사람됨이 비록 학
문의 실력은 없으나 마음가짐이 정직하고 또한 뚜렷한
잘못이 없으며, 용무用武의 재략才略은 특이합니다”라고
하였다. 임금이 말하기를, “곧고 착실하여 거짓이 없으
며, 근신謹愼하여 직무를 봉행奉行하므로 태종께서도 [그
를] 인재라고 생각하시어 정부政府에 시용試用하였다. 전
조前朝와 국초國初에 간혹 무신으로서 정승을 삼은 이
가 있으나, 어찌 그 모두가 윤덕보다 훌륭한 자이겠는
가. 그는 비록 수상首相이 되더라도 좋을 것이다. … 만
약 한 사람의 훌륭한 정승을 얻으면 나랏일은 근심 없
을 수 있는 것이다” 하였다.

-『세종실록』 권56, 세종 14년 6월

이 대화에서 잘 나타나 있듯이 세종은 최윤덕을 우의정에
임명하고자 할 때 그의 학문적인 실력이 충분하지 않은 것에는
그다지 상관하지 않고 군사적 능력과 맡은 일에 대한 성실함 등
의 요소를 높게 평가하고 있는 것을 볼 수 있다. 이를 통해 세종
당시 무보다 문을 상대적으로 우위에 두는 인식이 그다지 있지
않았음을 엿볼 수 있다.

몽골의 팽창 등으로 인해 명이 위협을 받는 등 매우 유동적

이었던 15세기 전반의 동아시아 정세가 안정을 되찾고 성리학이 조선의 주된 정치사상으로 정착하게 되는 15세기 후반부터 문무에 대한 인식에서 적지 않은 변화가 나타나게 된다. 동아시아 정세가 안정됨에 따라 자연스럽게 군사력 유지와 운용의 필요성이 줄어들게 되었고 무에 대한 관심과 위상도 자연스럽게 낮아지게 되었다. 아울러 15세기 말부터 패도보다 왕도, 공리보다 의미를 강조하는 성리학에 대한 이해가 깊어지면서 문을 무에 비해 우위에 두는 인식이 심화되었다. 16세기 들어서면서 군사에 관한 일(武事)이 지나치게 해이해지는 문제가 나타났으므로 이를 권려하려는 필요에 따라 문무의 병용을 언급하기도 하였다. 그러나 이는 군사적인 것의 위상을 높이려는 것은 아닌 것으로 보인다. 16세기에는 기본적으로 '문무에는 본래 본말本末과 경중輕重의 구분이 있다'는 것을 전제로 문이 무에 비해 우위에 있는 것을 전제로 문무병용을 인식하는 것이 일반적이었다. 즉 조선 전기에는 표면적으로 문무 균형의 원칙을 내세웠지만 15세기 후반 이후에는 문이 무보다 우위에 있다는 관점이 주류를 이루고 있다.[4]

즉 문무 병용이라는 점에서는 원칙적으로 동의하지만 문과 무를 본말과 경중, 선후의 위계적인 관계로 인식하고 있었다. 문무에 대한 이러한 차별적 인식은 16세기 말 대규모 국제전쟁인 임진왜란을 겪은 이후에도 상당 기간 지속되었다. 1596년 도체찰사 이원익李元翼은 '문무는 한 가지라도 폐할 수 없는 것이나 문교文敎는 무비武備의 근본이 되는 것이다'라고 언급하였다. 즉 당시 대규모 전란의 상황에도 불구하고 이원익은 문 우위의 문무겸용론에 서 있음을 알 수 있다.

이원익의 문 우위의 문무겸용론과 비슷한 입장은 1623년 일어난 인조반정 직후 도승지인 김상헌金尙憲의 언급에서도 비슷하게 나타나고 있다. 그는 '나라를 다스리자면 문도 있어야 하고 무도 있어야 하나, 문이 첫째가 되고 무가 그다음이 되어야 함에도 근래 불행히도 문도文道가 쇠하여 이를 권장하여 흥기하는 것이 마땅합니다. 그런데 어찌 무사武事에만 마음을 다할 수 있겠습니까?'5라고 하였다. 인조반정 직후 반정에 참여하였던 무관들의 위상이 상대적으로 높아지고 아울러 반정 직후 발발한 대규모 내란인 이괄의 난과 후금의 군사적 위협 등으로 인하여 군사력의 역할과 중요성이 높아지던 17세기 전반의 상황에서 문의 역할을 다시 한번 강조한 것이라고 할 수 있다. 문 우위를 바탕으로 하되 문무를 함께 운용하여야 한다는 조선 전기 문무에 대한 보편적 인식은 자연스럽게 이 시기 무학 교육 및 무과의 제도 변화 등에 적지 않은 영향을 미치게 된다.

조선 후기 문무 이해와 문무일치론

　16세기 말 동아시아 격변의 상황에서 조선이 겪은 여러 차례의 대규모 전쟁인 임진왜란과 정묘호란, 병자호란에서의 어려움과 패배의 충격은 조선에 적지 않은 각성을 요구하였다. 특히 병자호란에서 조선의 패배는 기본적으로 군사력의 열세로 인한 것이었지만 이전까지 조선의 군사와 관련된 모든 부문에 대한 근본적인 변화를 요구하는 것이었다. 병자호란 이전까지 전투의 성과보다 의리와 충절을 중심으로 행하던 인물 평가에서 병자호란 이후에는 전투에서 성과를 거둔 인물을 높게 평가하는 것으로 변화하기도 하였다. 특히 병자호란에서 겪은 패배와 고난의 경험은 이를 극복할 수 있는 실체적 능력인 무비武備와 함께 군사적 식견인 병학兵學에 대한 관심을 갖도록 하였다. 이러한 인식의 변화를 계기로 문과 무에 대해 이전과 달리 양자를 동등하게 평가하여 문무가 일치하는 것으로 이해하거나 아니면 더 나아가 무가 가지는 현실적인 실용성에 대해 높게 평가하기도 했고 무가 문보다 상대적으로 우위에 있다는 논리가 나타나기도 하였다.

　17세기 이후 병학에 대해 정리한 병서兵書와 이를 대한 문인들의 이해에서 무에 대한 인식에서 적지 않은 변화가 있었음을 알 수 있다. 조선 전기까지만 해도 병서에 대해 그 군사적 가치에 대해서는 적극적으로 평가하였지만 병학과 유학의 관계 등에 대해 검토하는 경우는 거의 없었다. 그러나 임진왜란과 병자호란을 거치면서 병서가 가지는 구체적인 전략 전술의 근거로서의 의미에 더하여 병서를 유가적 경세론經世論의 원리적·문헌적인 전거로서 전쟁으로 인해 어려웠던 당시 조선에 필요한 사회경제적·군사적인 개혁 방안의 근거로서 활용되기 시작하였다.[6]

특히 명나라로부터 새로운 내용을 담은 여러 가지 병서의 도입과 간행, 그리고 병학 교육의 확대에 따라 이전과 달리 병서를 단순히 무인들이 익히는 군사 관련 서적이라는 것에서 나아가 유학자들도 고전 병서의 문장을 한당漢唐 고문古文의 하나로 적극적으로 다루기 시작한 것이었다. 더 나아가 문무병용이나 문무겸전에 바탕을 두지만 현실적인 문제에 대해 무가 문보다 우위에 있다거나 유용하다는 이전과 다른 입장이 나타나기 시작하였다.[7] 예를 들어 18세기 후반의 실학자이며 역사학자인 안정복安鼎福은 문무겸전의 균형적 태도를 강조하지만 고구려가 오로지 무를 숭상하였기에 중국이 함부로 넘보지 못하는 위세를 지녔다는 사례를 통해 양란으로 피폐해진 조선의 시국에서는 문보다 무가 상대적으로 중요하다고 인식하였다. 이는 비숫한 시기의 학자인 홍양호洪良浩도 동일하게 문무병행을 주창하면서도 조선은 문치文治에만 승하고 무력武力에는 힘쓰지 않아 국력이 점점 쇠락하고 나약해져 그 힘을 떨치지 못했음을 반성하고 당장 조선이 집중해야 할 것은 문치보다는 무력의 신장임을 강조하였다.[8] 안정복과 홍양호의 주장은 이전과 달리 무우위의 문무병용적 논리라고 할 수 있다.

이익은 더 나아가 무비를 등한시하는 당시 상황에서 상대적으로 무를 강조하였는데,[9] 이는 이익의 다음 언급을 통해 확인할 수 있다.

> 세상은 평화로워 무사할 때에는 문교文敎가 우선이 되지만 문교가 행하게 되는 것은 어찌 무비에 의한 것이 아니겠는가? 안일함에 익숙해서 위태함을 잊고 문만 익히어 무를 천시하는 것은 도적을 인도하는 것이 심한 것이다. … 나는 일찍이 '문교가 이미 대략 갖추어졌다면 마땅히 국방을 급히 하여야 한다'고 했었는데, 『주역』을 읽다가 이 대문에 이르자 느껴서 쓴다.
>
> – 『성호사설』 권7, 인사문, 「무비위급」

이 글과 함께 이익은 '문교가 비록 중요하지만 유술儒術의 선비로 하여금 편안히 앉아서 강습할 수 있도록 돕는 것은 무비武備이다'(「射而觀德」)이라고 하여 이전까지 문이 무보다 상대적으로 중요하고 우위에 있다는 기존의 일반적 이해와는 완전히 다른 인식을 보여 준다. 즉 당시 조선의 정치 군사적 현실에서 상대적으로 무비武備가 더 중요하고 시급하다고 인식한 것이다. 18세기 후반 실학자 등 여러 학인에게서 나타난 무의 중요성에 대한 인식은 당시의 국왕 정조에게서도 거의 비슷한 인식을 보이고 있는데,[10] 정조의 다음 언급은 이러한 모습을 잘 보여 준다.

> 문·무는 똑같이 필요한 것이어서 어느 한쪽만을 중히 여겨서는 안 되는 것이다. 한쪽만을 중하게 여기게 되면 속습俗習은 그 취향에 따라 변하여 나라가 그 폐해를 받게 되기 때문에, … 태평이 오래 계속된 때를 당하면 번번이 문文이 성하고 무武가 해이해지는 걱정이 있게 되어 한 번 무예를 업으로 삼게 되면 곧 비방과 수모를 자초하여 추인麤人으로 지목당하게 되고 그 수치가 거간꾼과 같게 된다. … 아조我朝에서 비록 문치文治를 숭상하기는 하였지만 반드시 무비에 대해 계칙하여 똑같이 여기는 마음을 진념하였고 치우치게 중히 여기는

폐단을 경계하여 왔었다. 서북西北에 이르러서는 이것
이 변어邊圉에 관계가 되는 것이어서 그들의 강인하고
용감한 성질로 인하여 전적으로 기사騎射에 능한 재능
이 있는 이를 뽑아서 습속에 따라 다스려 왔었고 혹시
라도 변한 적이 없었다. 이는 실로 문文을 장려하고 무
武를 분발시키는 것을 지역에 따라 시의를 달리한 것에
연유된 것이다.

－『정조실록』권12, 정조 5년 11월

위와 같이 정조는 기본적으로 문과 무를 동일하게 인식하
였지만 실질적으로는 실용의 가치가 있는 무에 대해 더 적극적
으로 인식하고 있었다. 정조는 이러한 인식을 바탕으로 무예가
뛰어난 오늘날 평안도 지역인 서북西北 지역민들을 적극적으로
등용하고자 하였다. 조선적 계몽군주인 이른바 탕평군주蕩平君
主로서 자신의 정치적 입장을 강화하기 위해 정조는 평안도의
무과 급제자들을 무관 또는 군관으로 적극 등용하였다.[11] 실제
18세기 들어서면서 서북 지역 출신의 무과 급제자가 증가하였
고 아울러 평안도에서는 고도의 상업화된 경제적 배경에 힘입
어 무예를 겸비한 부유한 가문의 장정들은 이전보다 높은 사회
적 지위를 얻게 된다.[12]

정조 대 강조된 무인에 대한 위상 강화와 서북인에 대한 우대 노력은 1800년 그의 사후 제대로 계승되지 못하면서 나타난 불만은 순조 대 평안도 지역의 무과 급제자 등을 중심으로 일어난 대규모 내란인 이른바 홍경래의 난(1811-1812)으로 나타나게 된다. 홍경래 난의 진압 이후 서북 지역 출신자에 대한 차별은 20세기 초반까지 나타나게 된다. 아울러 이 반란 진압에 협조하였던 서북 일부 지역에 대해서는 국가의 지원이 집중되었다.[13] 홍경래의 난 진압과 지역 차별로 인해 서북 지역 주민들과 무인들은 군사적인 측면이 아닌 다른 방향에서 자신의 영역을 찾게 되면서 문인으로의 전환, 강한 상업적 지향, 실용적 분위기, 새로운 사상의 추구 등으로 나타나게 되었다. 서북 지역 무과 급제자 또는 무인들의 근대 사회로의 준비는 이러한 분위기와 관련이 있다고 하겠다.

예를 들어 개성 지역의 19세기 중반 실학자인 최한기崔漢綺의 가문을 보면 18세기 중후반 그의 증조부 대에 무과에 급제함으로써 무과 집안으로 그 사회적 지위를 높이기 시작하였다. 최한기의 양가도 18세기 말에서 19세기 초의 대표적인 무반 가문으로 최한기 가문은 개성의 해풍김씨 등 개성의 대표적 무반 집안과 통혼하며 무반 집안으로 행사하였다. 그러나 19세기에 들어서면서 그의 부친인 최치현은 문예로 이름을 날리고 여러 차

레 문과에 응시하였으나 실패하였다. 결국 최한기가 1825년 생원에 급제하고 그의 아들 최병대崔柄大가 1862년 문과에 급제함으로써 문인 집안으로 성격이 전환되었다.[14] 이는 19세기 초 홍경래의 난 이후 무반 가문 중 일부가 문인 집안으로 전환되었으며 이는 병학이 가지는 실용 학문으로서의 가치와 내용이 조선 후기 실학 형성의 한 사상적 배경으로 활용되었음을 짐작할 수 있다.

조선 초 무과 창설과 시험 규정

조선 초기 무과 창설의 직접적인 계기는 고려 말 왜구와 홍건적 등 외적의 잦은 침입으로 국방력 강화가 요구되었고 그중에서 유능한 무반의 등용 필요성과 밀접한 관련이 있다. 1352년 2월 이색李穡은 왜구 이외에 다른 외적이 침입할 경우에는 나라마저 잃을 것이라고 경고하였다. 이런 문제를 해결하기 위해 유능한 무반을 확보하는 것이 시급하다고 보았다. 이를 위해 무관 등용 시험인 무과를 창설하고 위衛에 충원될 군사들의 무재와 용맹을 시험함으로써 무예를 습득하게 하고 이들에게 직위와 녹봉을 내려줄 것을 주장하였다.[15] 이색의 무과 창설 건의는 그대로 실현되지는 못하였지만 이후 무과 또는 무학 창설 논의와 실력 있는 무관 후보자를 양성하려는 움직임으로 나타났다.

1371년 말 공민왕은 개경의 성균관成均館으로부터 지방의 향교에 이르기까지 문무의 두 학(文學, 武學: 오늘날의 학교)을 개설하여 인재를 양성함으로써 필요한 관리 등용에 대비하라는 교서를 내렸다. 이듬해 10월 우현보禹玄寶 등은 병서로 인재를 판별하여 채용하였던 옛 제도에 의거해서 장수의 재목감을 선발하자고 상소하였다. 이상의 두 조치는 제대로 실현되지는 못하였다. 무과 창설이 다시 본격적으로 거론되기 시작한 것은 1388년 이성계의 위화도 회군을 계기로 개혁파 사대부들이 정국을 주도하며 체제 개혁을 추진하면서부터였다. 그 결과 1390년(공양왕 2)에 무과를 설립하여 3년마다 33명을 선발하도록 하였으나 곧바로 시행되지는 못하였다.[16] 2년 후 조선이 건국되고 이성계가 조선의 국왕으로 즉위하면서 내린 교서를 통해 무과의 조속한 실시를 천명하였는데, 그 내용은 다음과 같다.

> 문무文武 두 과거는 한 가지만 취하고 한 가지는 버릴 수 없으니 중앙에는 국학國學과 지방에는 향교鄕校에 생도生徒를 더 두고 강학講學을 힘쓰게 하여 인재를 양육하게 할 것이다. … 그 강무講武하는 법은 주로 관장할

훈련관에서 때때로 무경칠서武經七書와 사어射御의 기술을 강습시켜, 그 통달한 경서의 많고 적은 것과 (사어) 기술의 정하고 거친 것으로써 높고 낮은 등급을 정하여, 입격한 사람 33명에게 출신패出身牌를 주고, 명단을 병조로 보내어 탁용擢用에 대비하게 할 것이다

- 『태조실록』 권1, 태조 1년 7월

위의 즉위 교서에는 강무講武하는 법이라고 하였지만 선발 인원이나 방법 등이 무과와 거의 유사한 것을 보면 무과 창설에 대한 내용임을 알 수 있다. 즉 문반의 선발 시험인 문과에 대해 성균관에서 하는 유사한 역할을 할 수 있도록 훈련관訓鍊觀을 신설하여 이곳에서 무예와 병서, 전진戰陣 등을 가르치는 일 등을 관장하게 하였다. 훈련관에 대해서는 뒤에 다시 언급하도록 하겠다. 즉위 교서가 나온 지 약 3년이 지난 1395년 4월에는 무과 시행의 예비 단계로 무예와 병서에 능한 무사를 선발하기 위해 무예 도시都試를 실시하여 33인을 선발하였다. 1398년 일어난 1차 왕자의 난으로 태종 세력이 집권하면서 당시 왕자나 주요 권신들이 장악하고 있던 사병私兵을 혁파하여 군사에 대한 국왕의 통수 체계를 확립하고자 하였다. 아울러 새로운 통수 체계를 원활히 운영하기 위해 유능하면서도 기존의 무인 출신이 아닌

새로운 무관이 요구되었다. 새로운 무관을 등용하기 위해 무과 제도를 정비하고 태종이 즉위한 지 얼마되지 않은 1402년에 정식으로 무과가 처음으로 실시되었다.

1402년 정비된 무과에 대한 규정을 보면 삼군부三軍府의 정관正官 2명을 선발하여 감교시사監校試使와 부사副使에 임명하여 무과 시행 전반을 통제하도록 하고, 훈련관과 함께 무사들을 시험하여 선발하도록 하였다. 구체적으로 보면 무경칠서와 마병과 보병(馬步, 마보)의 무예에 정통하고 익숙한 자는 1등, 3가三家의 병서와 마보의 무예에 통通한 자는 2등, 마보의 무예에만 단지 통한 자는 3등으로 삼되, 1등은 3명, 2등은 5명, 3등은 20명으로 하여 모두 28명을 정원으로 삼아 뽑도록 하였다. 만약 제1등에 합격할 만한 자가 없다면, 2등 또는 제3등만을 뽑도록 하였다. 1등은 곧바로 종7품, 2등은 종8품, 3등은 종9품에 임명하되, 무직武職을 전형할 때, 원래 직위職位가 있는 자는 한 직급을 올리도록 하였다. 관시觀試와 향시鄕試, 회시會試, 전시殿試의 급제자에게 합격증인 홍패紅牌를 주는 방방과 급제자 축하 잔치인 은영연 등은 한결같이 문과의 예에 따르도록 하였다. 무과 관시의 합격 인원수는 50명, 향시는 좌·우도左右都에서 20명, 충청도는 30명, 전라도는 20명, 경상도는 30명, 강원과 풍해도는 각각 10명, 동북면과 서북면은 각각 15명으로 하여 지역별로 합격자를 할당하였다(『태종실록』 권3, 태종 2년 1월).

태종 대 초반 정비된 무과의 규정은 이후 무과의 기본이 되었다. 이 무과 규정에서 보이는 특징 중 하나는 태조 대 실시하고자 하였던 무과와 교육과의 연계성을 폐지한 것이었다. 그동안 무과 창설과 무인 교육의 주도적인 역할을 하도록 하였던 훈련관은 문과에서의 성균관과 같이 인재 양성기관으로서의 역할은 상대적으로 약화되었다. 이후에도 무인에 대한 교육과 무과를 체계적으로 연계하여 우수한 실력을 갖춘 무관을 확보하고자 하는 움직임은 계속되었다. 예를 들어 지방의 각 고을마다 양반 자제를 뽑아 무예를 익히고 병서를 읽게 하여 무과 응시에 대비하도록 하자는 주장이 나타나기도 하였다(『태종실록』 권9, 태종 5년 4월). 이것은 지방 향교와 같이 양반 자제를 모아 이들에게 무예와 병서를 가르침으로써 우수한 응시자를 미리 확보하여 무인의 질을 높이자는 취지였으나 제대로 시행되지는 못하였다.

『경국대전』의 무과 시행 절차

15세기 초인 태종 초 최초 실시된 무과에서부터 이미 중국의 고전 병서 7종을 모은 무경칠서에 대한 이해는 1등 급제의 필수 조건으로 포함되었으나 2, 3등 합격에는 아직 필수 과목으로 포함되지는 않았다. 즉 장원을 제외하고 나머지는 무경의 이해 수준을 측정하는 시험인 강경講經은 핵심적인 의미를 가지는 것은 아니었다. 그러나 병학 지식을 가진 우수한 무관을 선발하기 위해 이후 무과에서 강경의 시험 비중은 차츰 높아지기 시작하였다. 15세기 초 무과가 시행되던 초기인 무과 과목을 규정한 『경제육전經濟六典』의 한 조항에 의하면 회시의 초장은 장전長箭과 편전片箭을 시험하고 중장에서는 기사騎射와 기창騎槍을 시험하고 마지막 시험인 종장에서는 무경칠서를 시험하도록 한 것을 통해 알 수 있다.

태종의 뒤를 이은 세종 대 들어서면서 무과 제도에 적지 않은 변화가 나타났다. 이전까지 무과 시험 과목으로 무예를 중시하던 것에서 병서와 유교 경전을 아울러 시험보았다. 이는 장수의 자질을 가진 자를 선발하기 위해서는 무예뿐 아니라 병학과 유교적인 경륜을 갖추어야 한다고 생각하였기 때문이다. 이에 강경의 비중과 과목 등에서 변화가 나타나 1420년(세종 2)의 식년시부터 전시의 강경은 빠지고 복시의 종장에만 강서를 두었다. 1422년(세종 4) 윤12월에는 장수된 이는 지략뿐만 아니라 의리義理도 알아야 한다는 주장이 제기되자 무경칠서만 보던 기존의 무과 강서에 사서오경四書五經의 유교 경전을 자원에 따라 강할 수 있도록 하였다. 이에 따라 종장에는 사서오경 중 1서를 자원해서 강독하게 하고 무경의 예에 따라 통通 5푼分, 약略 3푼 반, 조粗 1푼의 점수를 주도록 정하였다. 즉 병학에 대한 지식에 더하여 유교적인 학식도 아울러 익힐 수 있도록 조정하였다. 1435년(세종 17) 6월에는 무과 원시험의 초장에서는 보사步射로 편전을 쏘고 중장은 기창, 기사, 격구를 시험하여 잘한 자는 190점을 주며, 종장은 무경칠서 및 사서일경四書一經과 『통감通鑑』을 다 통한 자는 90점을 주도록 하였다. 최초 병서의 내용만을 외워서 강하는 것은 장수로서 지략을 갖추고 있는지를 판단하기 위한 목적에 따라 이루어진 것이었다. 무과 복시의 종장에서 강서가 차지하는 비중은 이후 계속 높아졌다. 세종 연간의 『경제속전經濟續典』 편찬 과정에서 경사經史 중 1서가 추가되었고, 세조 연간에 이르면 『소학小學』, 『역대병요歷代兵要』, 그리고 법전인 『경국대전』까지 강서 과목에 추가되기에 이르렀다. 『역대병요』는 우리나라와 중국의 역대 전쟁 263사례를 정리한 대규모 전쟁사 책이다.

무과에서 무예의 비중이 높아야 한다는 주장과 강경의 점수를 아무리 높게 받더라도 무예의 점수에 미치지 못하므로 강경의 비중 축소에 반대하는 주장이 맞섰으나 성종 2년(1471) 9월,

강서 방식이 책을 보지 않고 강송하는 배강背講 대신 책을 보면서 물음에 답하는 임문고강臨文考講을 행하도록 한 것을 제외하면 기존 무과 시취제도에서 대강은 큰 변화가 일어나지 않았다. 이에 따라 무과 복시의 종장에서 사용하는 강서는 『경국대전』의 「병전兵典·시취試取」조에 의하면 사서오경 중 1서, 무경칠서 중 1서, 그리고 『통감』, 『역대병요』, 『장감박의將鑑博議』, 『무경소학武經小學』, 『경국대전』 중 1서를 자원에 따라 임문고강으로 강서講書하도록 하며, 통달 수준에 따라 통通 7분, 약略 5분, 조粗 3분을 부여하는 것으로 그 규정이 확정되었다. 즉 군사적 지식만을 가진 무인이 무과에서 좋은 성적을 거두기는 상당히 어려워지고 오히려 문신 가문의 자제들이 상대적으로 유리해진 것이다. 참고로 『장감박의』는 송대 편찬된 중국의 역대 유명 무장 94인에 대한 전기이다. 무과에서 강경의 비중이 높아지고 시험 대상이 되는 책으로 사서오경과 무경칠서 이외에 『장감박의』, 『역대병요』 등이 추가된 것은 문무를 겸비한 장수를 양성하기 위한 목적에서 나타난 것이었다.

무예에 비해 점차 강경을 강화하는 방향으로 무과 과목 및 제도의 변화가 나타났음에도 불구하고 조선 초기까지는 아직 무인들이 강경에 집중하지는 못하였다. 그러나 15세기 후반의 정치사회적 변화에 따라 성리학적인 학식이 요구되는 상황에

서 무인들도 점차 학문에 정진하는 면모를 갖는 경우가 적지 않
게 나타났다. 16세기 이후 무인들이 학문에 정진하는 양상에
대해서는 뒤에 언급하도록 하겠다.

교육기관을 통한
무관 만들기

조선 전기 훈련원과 무관 양성

문무겸전과 문무병용 등을 이상적인 것으로 이해하던 조선 건국 초기에 필요로 했던 인재상은 문무를 겸비한 인재였다. 이는 건국 초기 品官層품관층 이상의 신분이 들어가 소속되어 국왕과 왕궁을 호위하는 숙위 군사를 체계적으로 육성할 필요성이 있었던 것과 관련이 있다. 숙위 군사는 임금과 조정을 바르게 호위하려면 무예에만 능해서는 안되고 지체가 높은 사람을 은밀히 알현하여 청탁하려는 이른바 內謁내알의 무리를 막을 수 있는 정치적 안목도 요구되었으므로 학문도 겸비해야 했다. 그러나 모든 군사를 그렇게 할 필요는 없었으므로 지위와 신분에 맞게 조정될 필요가 있었다. 앞서 보았듯이 개국 직후인 1492년 7월 무예훈련 및 병서, 전진戰陣 등을 교습하는 기관으로 훈련관을 설립하였다. 훈련관의 설립은 고려 말 신진사대부들의 병학 교육에 대한 열성에서 비롯된 것으로 문무를 겸비한 새로운 성격의 무반층의 양성과 연결된 것이었다.

훈련관은 창설된 지 2년 후인 1394년 병법과 군사 훈련을 익히고 강습하는 기구로 짐작되는 중군군후소中軍軍候所를 흡수하여 군사 교육과 무관 선발을 전담하는 기능을 가지게 되었다(『태조실록』 권11, 태조 6년 정월). 태조 대 훈련관 등에서 실시하는 교육은 기본적으로 군사 분야의 전문성을 높이는 것으로 전문적인 군인층을 양성하는 데에는 효과적이었다. 그러나 숙위 군사 중에는 세족 가문 출신도 있었다. 이들은 숙위 군사가 된 이후에는 문무반의 고위 관원을 원하고 있었으므로 이들에 대한 별도의 교육기관이 요구되었다. 1397년 정월에 의흥삼군부 내에 사인소舍人所를 설치하였는데, 사인소는 모든 대소 양반의 자서제질子壻弟姪들을 이곳에 예속하게 하고, 경사, 병서, 율문律文, 산수算數, 사어射御 등의 여러 기예를 익히게 하여 발탁에 대비하도록 하였다. 이처럼 사인소는 사대부가 지녀야 하는 종합적인 교양 및 전문 지식을 두루 가르치도록 하였는데 관원 육성을 위한 전문교육을 실시한 것이었다. 즉 군사 기구 내에 교육기관을 두어 군사교육뿐만 아니라 사대부로서 필요한 내용을 포함한 것이라 할 것이다. 건국 초기 훈련관과 사인소 설립은 정도전 등이 추구했던 숙위와 교육, 관리 선발 제도와의 유기적인 결합 이라고 할 수 있다.[17]

태종 대인 1406년, 현직 관원에 대한 교육과정으로 10학十學 을 두었는데 그중 하나로 무학을 설치하였다. 10학은 고려 말 공양왕 1년(1389)의 10학과 조선 건국 직후인 태조 2년(1393)의 6학六學의 뒤를 이은 일종의 현직 관리에 대한 교육과정이었 다. 교육 대상자는 유학儒學의 경우 7품 이하 관원이었으며, 무 학武學 등 나머지 9학은 시산時散 4품 이하였다. 네 계절마다 '십 학 취재取才'라는 시험을 치러 그 결과를 임용, 승진하거나 낮추 는 출척黜陟의 근거로 활용하였다. 무학의 경우는 무과 출신자 나 병조 및 훈련관 관원이 그 대상이었다. 이들에 대한 취재의 평가 대상으로는 무경칠서와 『진도陳圖』, 『장감박의』, 『태일산太 一算』 등이었다. 무학의 책임자로는 무학제조武學提調를 두었으 며, 병조의 주관 아래 훈련관에서 교육과 평가가 이루어졌다. 세종 초인 1422년에는 무과 출신자들의 무학 강습을 독려하기 위해 훈련관의 녹관으로 겸관한 자 중에서 무경에 능통한 3품 이하 관원 20명을 선발하여 무경습독관武經習讀官을 삼고 평가를 통해 서용하는 제도를 마련하였다. 무경습독관은 이후 세조 대인 1466년 훈련관이 훈련원으로 개칭되면서 병학습독관兵學習讀官으로 명칭이 변경되었다. 이들은 훈련원 소속의 녹관祿官 등과 함께 『역대병요』,『자치통감資治通鑑』,『장감박의』,『진법陣法』,『병장설兵將說』를 비롯하여 무경칠서 등을 습독하게 하였고, 무예로는 활쏘기와 말타기 등도 연습하도록 하였다.

훈련관에 무경습독관을 둔 것은 기본적으로 무과에 급제한 후 훈련관에 소속된 자에 대해 무경칠서 등 병학 관련 교육을 강화하기 위한 차원이었다. 병학 교육이 강조되었던 것은 화약 무기의 도입과 몽골, 여진의 전술 도입 등 여말선초 무기와 전술, 군사제도의 변화에 대응하여 새로운 군사체제가 요구되던 상황을 반영한 것이었다.[18] 따라서 무예 수련과 함께 새로운 전술과 군사 운용의 원리 등 병학에 대한 체계적인 교육의 필요성이 높았다. 이러한 상황에도 불구하고 각 군현에 설치한 향교를 통해 유학 교육이 가능하였던 문인과 달리 조선 전기에 무인들은 각 지역에서 무과를 체계적으로 준비하기 위한 병학 교육기관이 없는 상태였다. 무관 양성을 위한 별도의 교육기관을 설치하여야 한다는 논의가 계속된 것은 당연한 것이었다. 15세기 중반 이후 무학을 별도로 두어야 한다는 주장이 계속된 것은 이러한 상황의 반영이었다.[19] 대표적인 사례로 1450년(세종 32) 양성지梁誠之가 무학을 별도로 설치하였던 송나라의 고사와 유학의 최고 교육기관인 성균관의 사례처럼 훈련관을 기존의 무예 등 군사 훈련 전반을 담당하던 교육기관과 달리 무경 강습 등을 맡은 무학으로 운영할 것을 주장하기도 하였다(『세종실록』 권127, 세종 32년 1월).

무학을 지방에도 설치하자는 의견은 16세기 초 중종 대 다시 대두하였다. 16세기 들어서면서 동아시아 지역 전체의 긴장이 완화되자 조선의 군사력은 이전에 비해 크게 약화되었다. 이러한 상태에서 여진의 위협이 새롭게 나타나자 이에 대응하기 위해 1518년(중종 13) 중종은 지방에 무학을 따로 설치하고 문신으로 하여금 가르치게 할 것을 주장하였다. 이에 조광조趙光祖 등은 당 태종 때도 무학을 두었으므로 조선에서도 시행하여야 한다고 하였다(『중종실록』 권36, 중종 14년 8월). 그러나 정광필鄭光弼 등은 한성에서는 무학을 훈련원에서 가르치고 있고 또 문신으로 하여금 교훈을 받게 하고 있으므로 따로 설치할 필요는 없으며, 만약 외방에 무학을 모두 다 설치한다면 한갓 군역을 도피하는 자의 소굴만 되어 이익은 없고 손해만 있을 것이라고 하여 무학 설치에 반대하였다(『중종실록』 권34, 중종 13년 11월). 이처럼 지방의 각 군현에 무학을 두어 무예 및 병학 교육을 강화하여 우수한 무인을 양성하자는 식의 조선 전기에 여러 차례 간헐적으로 나타났다. 그러나 기존 무과체제와 무예를 익힌 유교적 소양

갖춘 이른바 유장儒將 추천 등의 방식으로 필요한 무인을 확보하면 충분하다고 보았으므로 16세기 후반까지 더 이상의 추가 논의는 나타나지 않았다.

조선 후기의 무학과 능마아청

임진왜란 직전인 1583년 함경도의 6진 지역을 공격한 여진족의 니탕개泥湯介의 난을 계기로 병조 판서 이이李珥는 필요한 무인을 확보하기 위해 무과의 선발 인원을 크게 확대하고 비정기 시험인 각종 별시別試의 시행 횟수도 늘리기 시작하였다. 무과 선발 인원을 크게 늘리고 각종 별시를 자주 시행하는 추세는 16세기 말 임진왜란 기간 및 17세기 초 광해군 대에도 대외적인 어려움에 대처하기 위해 계속 유지되었다. 조선 후기 무과의 폐단으로 지적되는 이른바 만과萬科의 출현이 그것이다.

한편 임진왜란 직전까지 조선의 무사들은 대체로 무예만 익혀 무과에 합격하는 경우가 대부분이었으므로(『선조실록』 권71, 선조 29년 1월), 장수가 되어서도 병법의 소양이 매우 부족하였다. 따라서 무사의 선발에 있어서 병서에 능한 자를 선발하여야 한다는 의견이 나오기도 하였다. 이에 따라 임진왜란 중 새로이 도입된 전술 체계를 담은 명나라 장수 척계광戚繼光의 『기효신서紀效新書』와 각종 병서 외에 중국의 고전 병서 7종을 모아 편찬한 무경칠서에 대한 관심이 높아지기 시작하였다(『선조실록』 권56, 선조 27년 10월). 다음의 자료는 이러한 양상을 잘 보여준다.

> 대개 『손자』, 『오자吳子』는 마치 사서의 『논어』, 『맹자』와 같고, 『무경요람武經要覽』 등 여러 책은 마치 사서의 뜻을 드러내어 밝힌 송나라 유학자들의 저술과 같으니, 병법을 배우는 자는 먼저 『손자』, 『오자』의 대의를 통한 뒤에 『무경요람』 등을 참고하여 그 뜻을 발명해야 할 것입니다.
>
> - 『선조실록』 권131, 선조 33년 12월

여기서 확인할 수 있듯이 『손자』, 『오자』 등의 고전 병서가 심지어 성리학의 경전인 4서에 비견될 정도로 높게 평가되고 있었다. 즉 장수에 대한 교육에서 병서를 매우 중요시하여 병서를 유학자들의 경서와 같은 체계를 가진 것으로 격상시키고 있다. 이는 이전에 무사들에게도 유교 경전을 강조하던 것과는 달리 병학에 뛰어난 보다 전문적인 장수 양성이 중요해진 당시의 상황을 반영하고 있다. 이 시기에 들어서면서 무과 복시의 강경講經에서 무경칠서 등의 시험이 재차 강조되기도 하였다(『선조실록』권134, 선조 34년 2월). 이에 따라 기본 병서인 『손자』등의 재간행과 교육이 강조되자 『무경칠서』에 수록된 『손자』이외에 송나라 시대 길천보吉天保가 이전의 여러 주석서를 모아 편찬한 『십가손자회주十家孫子會注』에다 『통전通典』에 인용된 손자병법 관련 내용을 추가한 『십일가주손자十一家注孫子』도 주목되었다. 따라서 임진왜란으로 인해 상당수가 소실되었던 『십일가주손자』의 재간행이 추진되었다(『선조실록』권129, 선조 33년 9월).

각종 병서에 대한 중요성이 강조되는 분위기에 따라 16세기 말 임진왜란 기간 중 전국의 분위기에 따라 선조 말에는 전국의 여러 군현에 무학을 설치하고 무학 교수를 보내어 우수한 무사를 양성하고 장수가 될 인재를 키우도록 하였다. 지방에 무학을 처음 설치한 것은 임진왜란 강화 협상기인 1595년 7월로서, 선조는 정원에 전교하기를 "우리나라의 문폐文弊가 너무 심하니 긴요하지 않은 서원은 우선 혁파하라. 각도의 대도호大都護에 훈련원과 같은 무학武學을 세워 군사를 양성하고 무업을 연마하게 하는 것이 온당하다"고 하였다(『선조실록』권65, 선조 28년 7월). 그해 12월에 무학의 설립과 운영에 관련된 「무학사목武學事目」이 제정 반포되었다. 『무학사목』에 따르면 이때 창설된 무학은 중종

대 논의된 무학이 무경을 무사에게 가르쳐 향후 장수가 될 인재를 키우려던 목적과 달리 해당 고을의 각 면과 마을 사람에게 그 거주지 근처에 모여 연습하게 하여 임진왜란 중 시급히 필요한 무예가 뛰어난 지방군을 확보하는 목적이 더 컸다(『선조실록』 권70, 선조 28년 12월). 따라서 성균관, 향교로 대표되는 유학 교육기관과 함께 중앙과 지방에 무인을 양성하는 교육기관으로 무학을 다시 정비할 필요성이 있었다(『선조실록』 권128, 선조 33년 8월).

　　1605년 조정에서 경기의 강화도 등 주요한 군현에 향교의 제도와 같이 무학을 설치하게 하여 무사를 육성하도록 하였다(『선조실록』 권167, 선조 36년 10월). 무학을 다시 설치한 것은 임진왜란 뒤에 사족들이 무예를 업으로 삼지 않으려 하는 까닭에 권면하려는 목적이 있었다. 이 시기 여러 고을에 설치된 무학은 무학당武學堂, 무학청武學廳, 무학사武學祠 등의 명칭을 가진 관사官舍를 갖추고 15세 이상의 수십 명을 모아 활쏘기와 말타기 등과 같은 무예와 무경칠서를 비롯한 각종 병서를 가르쳤다. 무학의 책임자로는 조사朝士와 생원, 진사, 유학을 막론하고 문무의 제주를 겸비하고 신의가 높고 두드러진 사람으로 임명하였다.[20] 1607년에 선조는 병환 중에도 불구하고 특별히 병조로 하여금 무경칠서를 인쇄해 내도록 하고 또 무학武學을 설치하고 여기에 병서를 잘 아는 자로써 무학교수敎授를 두어 장수를 육성시키는 법을 만들도록 하였다(『광해군일기』[중초본] 권11, 광해 즉위년 12월). 무학을 통해 지방 사족들에게 무예와 병학을 가르쳐 유능한 장수의 재목을 확보하고자 하는 노력은 일부 양인들의 투속 등의 문제로 논란이 있었지만 적지 않은 성과를 거두었다. 특히 무학에서 육성된 군사들은 무예 등의 능력이 우수하여 북방의 위협이 있을 때에는 유능한 군사력으로 활용되기도 하였다(『인조실록』 권21, 인조 7년 9월; 『인조실록』 권25, 인조 9년 7월; 『인조실록』 권32, 인조 14년 5월 등).

비록 16세기 말 이후 무학이 전국의 모든 군현에 설치되지는 않았으나 각 지방의 읍지邑誌 등에 기록된 것을 보면 30여 곳 이상의 고을에 설치되어 17세기 전반기 다수의 유능한 무인을 육성하였음을 알 수 있다. 아울러 조선 후기 다수의 문인이 무과를 준비하는 데 적지 않은 도움을 주었다. 각 고을에 설치된 무학으로 인해 17세기 이후 문인의 무과 응시 사례가 이전에 비해 급격히 증가했는데, 단지 숫자적인 영역뿐 아니라 조선의 병학에 대한 이해가 높아지는 데 있어서도 적지 않은 역할을 한 것으로 보인다. 특히 조선 후기 기존의 지역 유력 세력인 이른바 향임鄕任과 함께 무사층武士層은 또 다른 세력으로 존재하였는데, 이들 무사층은 기본적으로 주로 양반과 장교의 자손으로서 양정良丁과는 구분되는 존재였다(『비변사등록』 제106책, 영조 16년 1월 21일). 실제 17세기 기존 향촌 사회에서 지역 내 주도권이 새로 등장한 양반 가문의 서얼이나 양인 출신 등이 향안鄕案에 입록되기 시작하면서 향촌에서 기존의 지역 양반들은 세력을 상실하기 시작하였다.[21] 그 과정에서 기존의 양반들 중 무학 등을 통해 무과에 응시하여 무관으로 전환하기도 하였고, 지방 사회에서 향임의 근거인 작청作廳과 대비되는 군관청軍官廳을 중심으로 하여 무학武學, 기패관旗牌官, 군관軍官 등의 형태로 존재하며 향촌 사회의 새로운 세력으로 역할을 한 것으로 보인다(『영조실록』 권4, 영조 1년 3월).

지방의 무학을 통한 병학 및 무예 교육과 함께 인조 대 들어서는 한성의 주요 군영 등의 군관과 금군禁軍 등에 대한 병법 교육의 강화를 위해 1629년(인조 7) 정월 능마아청能麼兒廳이 설치되었다. 능마아청은 총융부, 훈련원의 낭청과 내삼청內三廳(내금위, 우림위, 겸사복)의 금군 또는 각 대장大將의 군관에게 대한 병법 교육을 전담하게 한 전문 관서였다(『인조실록』 권20, 인조 7년 1월). 이 시기는 정묘호란이 끝난 지 오래지 않은 시기로서 조선에서는 후금의 침공에 대비하여 다양한 전술적 논의와 시도가 나타나고 있었다. 능마아청의 설치는 이러한 군사적 상황의 반영이라고 할 수 있다.[22] 이후 능마아청은 한동안 유명무실한 상태였다. 17세기 중반 효종 대 들어 본격적으로 추진된 북벌의 준비 과정에서 점차 다양한 전술을 확립하기 위해 새로운 전술을 연구하고 교육할 필요성이 제기되었다. 효종 대 능마아청에서 무인에 대한 교육의 강화와 내실화가 이루어진 것은 그 상황의 반영이었다.

1649년 효종이 즉위하면서 본격적으로 추진된 북벌 준비의 일환으로 다양한 실전적인 무예와 병기의 도입과 함께 인조 대 후반 이후 침체해 있던 새로운 전술에 대한 연구도 점차 활기를 띠었다. 1654년(효종 5) 12월, 젊은 무신武臣을 뽑아 무경칠서를 강의하게 한 것은 이 시기 병학 연구의 필요성이 점차 높아지고 있었음을 보여 주는 사례이다(『효종실록』 권13, 효종 5년 12월). 그 이듬해에는 전문적인 병학 교육을 위해 능마아청의 면모를 일신하는 조치를 취하였다(『효종실록』 권15, 효종 6년 8월). 특히 병자호란 시기 청 기병의 일제 돌격에 대응하지 못하였던 『기효신서』에 나타난 전술체계인 절강병법浙江兵法의 보병 중심 방진方陣을 대체하기 위한 새로운 진법을 모색하기 시작하였다. 이를 위해 중국 역대 병서에 나타난 여러 진법이 검토되었는데, 예를 들어 『악기경握奇經』에 대한 관심이 대표적이다. 『악기경』은 중국 고대 진법인 팔진八陣의 조합과 운용 방법을 설명한 병서로서 후대의 여러 진법은 이 팔진을 기본으로 하여 오행五行과 팔괘八卦

의 사상이 추가되면서 완성되는 경우가 많았다.[23] 이처럼 17세기 중반 효종 대를 거치면서 조선의 병학 수준은 이전보다 한 단계 발전된 양상을 보이고 있다.

3

무과의
종류와 과목

무과의 종류

식년 무과와 별시 무과

15세기 초 태종 대부터 무과 운영이 본격화되었으나 무과의
구체적인 절차는 15세기 후반 편찬된 『경국대전』에 이르러 제
도적으로 확립되었다. 『경국대전』에서 정비된 무과 제도에 따
르면, 무과는 문과와 마찬가지로 3년에 1번씩 정규적으로 실시
하는 식년式年(子·卯·午·酉에 해당하는 해) 무과와 비정기적으로 실
시하는 증광시增廣試·알성시謁聖試·정시庭試·춘당대시春塘臺試, 중
시重試, 관무재觀武才, 발영시拔英試, 외방별과外方別科 등의 각종 별

시別試 무과가 있었다.

증광시는 국왕의 즉위 등 국가의 경사가 있을 경우에 여는 비정기 과거로 문·무과뿐만 아니라 잡과도 함께 실시되었다. 시취 액수가 식년시와 같았고, 경사가 여러 번 겹치는 경우에 실시되는 초시·복시에 증광시의 두 배를 뽑았다. 증광 무과는 세종 1년(1419) 4월에 세종의 즉위를 계기로 처음으로 실시되었다.

무과 중시重試는 태종 10년(1410)에 처음으로 실시되었다. 중시는 10년에 한 번씩 당하관堂下官 이하로부터 문·무과에 합격했으나 아직 관직이 없는 자에 이르기까지 응시할 수 있었던 과거 시험으로 태종 16년(1416)부터는 문과와 무과의 중시가 함께 실시되었다. 중시는 병년丙年에 실시되는 것이 상례였고 당하관 이하의 문·무 관인들은 응시 가능하였으며 합격한 사람에게는 승진의 혜택이 주어졌다. 중시를 실시할 때에는 별시도 함께 설행하였는데 이를 초시라 불렀으나 이것은 문·무과 초시와는 다른 것이었다. 무과 중시는 전시와 같은 방법으로 시취하였는데 문과 중시와 함께 10년 만에 한 번씩 실시되었다.

별시, 알성시, 정시, 관무재, 중시는 초시, 전시 두 차례의 시험만 있었으며 그때그때 뽑는 수를 정하였다. 다만 알성시는 초시의 양소兩所에서 50인을 뽑아 전시에서 국왕의 친림 아래 시취하는 것이 다르다. 알성시는 국왕이 성균관 문묘에 나아가 석전제를 지낸 다음 실시하는 특별시험이었다. 알성시는 태종 14년 (1414) 7월에 처음으로 설행되었는데 이때에는 문과만 실시되었다. 세종 13년(1431) 3월에는 훈련관 북쪽에 강태공을 모시는 무성묘武成廟를 세우고자 하였으나 문신들의 반대로 시행되지 못하였고 그 대신 알성시에 무과도 함께 실시하기로 하였다. 그리하여 세종 16년 2월부터 무과도 알성시에 함께 보기로 하였다. 알성 무과는 초시와 복시의 두 단계가 있었다.

정시는 봄, 가을에 성균관 유생을 대궐 뜰에 모아 시험을 치른 뒤에 성적 우수자에게 전시에 곧바로 응시할 수 있도록 하는 시험이다. 정시는 국가나 왕실에 경축할 일이 있으면 실시하는 과거로 성종 대인 1483년에 정식 과거로 승격되었고 무과 정시는 16세기 초인 중종 대에 시작된 것으로 보인다. 무과 정시는 조선 후기에 가장 많이 시행된 무과가 되었다.[24]

관무재는 2품 이상 문관과 무관 각 1인이 시관이 되어 한량·군관·조관을 시험치러 등용하였고 금군의 경우에는 별도로 병조 판서가 시관이 되어 시취하였다. 전시는 춘당대에서 국왕의 친림 아래 2품 이상 문관 1인, 무관 2인이 참시관이 되어 시취하고, 외방의 관무재는 정승인 의정議政 1인이 왕명을 띤 관원인 이른바 명관命官이 되어 시취하였다. 우수한 성적을 거둔 사람은 한량의 경우에는 전시에 직부시키고, 출신은 수령이나 변장에 임명하였으며, 군관은 자급을 더해 주거나(加資) 상을 주었다.

무과 중시와 비슷한 시험으로 발영시, 등준시, 진현시가 있었다. 발영시拔英試는 세조 12년(1466) 5월 단오절에, 등준시登俊試는 그해 9월에 실시되었다. 발영시와 등준시에는 종친 및 재상 이하 모든 관료가 응시하였는데 합격자는 관직을 올려 주었다. 이들 시험에는 초시와 전시 두 차례의 시험이 있었다. 진현시進賢試는 성종 13년(1482) 10월에 실시되었는데 문신 4인과 무신 10인을 선발하였다. 그러나 이 세 가지 시험은 세조과 성종이 왕권을 강화하기 위하여 실시하였던 특별 시험으로 한 번씩밖에 실시되지 않았다.

외방 별과는 평안도, 함경도, 강화, 제주 등의 지방에서 국왕의 특별한 명령인 특지特旨에 의하여 실시되는 무과 별시의 일종으로 중신이나 어사를 보내어 단 한 번의 시험으로 합격 여부를 결정하였다. 중신이 파견될 때는 공명패空名牌를 보내어 합격자의 이름을 직접 써 넣어 발표하게 하였고 어사를 파견할 때는 합격자를 무과 전시에 직부하게 하였다.

참고로 무과와는 성격이 조금 다르지만 지방의 한량과 군관, 조관을 대상으로 무예를 시험보이는 도시都試와 권무과觀武科가 있었다. 도시는 서울과 지방 무사들의 무예를 꾸준히 연마시키기 위하여 실시한 시험이었다. 도시는 문관의 문신월과법 文臣月課法에 비견되는 시취제도로 매년 봄(4월경), 가을(8-11월경) 두 차례 실시되었다. 다만 국상 등 국가의 큰 일이 있을 때는 거르기도 하였다. 한성에서 치러지는 경중京中 도시의 시관은 병조의 주관하에 의정부와 6조, 도총부 당상관, 훈련원의 당상관 각 1인이 되었으며 시험일에는 의정부와 6조 당상관이 모두 참관하게 되어 있었다. 지방에서 시행되는 외방外方 도시의 시관은 처음에는 각 도의 감사와 도시제사都試制使가 맡았는데 세조 12년(1467)부터 감사와 병마절도사가 맡았다. 경기와 황해도, 강원도와 같이 감사가 병마절도사를 겸임하고 있는 곳에서는 감사 혼자 도시의 시관이 되었다.

도시가 시행된 주요한 목적은 중앙군을 대상으로 하여 훌륭한 병사를 보충하기 위하여 실시된 것이었다. 경중 도시의 경우는 기본적으로 중앙군을 대상으로 하였다. 그러나 지방에서 시행된 외방 도시에는 시위패侍衛牌, 영진군營鎭軍, 수성군守城軍, 기선군騎船軍, 한량閑良 등 일반 병종의 군사들도 응시할 수 있었다. 이는 15세기 중반 세종 말년의 중앙군의 지방군화로 군역이 일원화된 데에 따른 결과였다. 다만 지방의 수령과 우후虞候, 만호萬戶 등 군사 지휘관의 자제들은 시험에 부정을 방지하기 위해 그 도의 외방 도시에 응시할 수 없었다. 각종 특혜가 주어지는 내금위의 군사는 도시에 응시할 수 없었다. 그러나 세조 6년 (1460) 5월부터는 내금위와 무과 급제자, 겸사복, 종3품 이하의 동·서반 관인들까지 자원에 따라 도시에 응시할 수 있게 되었 으며 이들에게는 1등의 예로 선발하는 특전까지 주었다. 이는 무재가 뛰어난 무관을 뽑기 위해서였는데, 이들에게는 무예 시 험을 면제해 주고 강서 시험을 보여 별도로 상을 주기도 하였 다. 이러한 변화는 당시 무인들에게 병학 이해를 강조하던 시대 적인 상황과도 관련을 가진다.

도시의 선발 인원은 시기에 따라 변화가 있었다. 태조 4년 (1395)에는 문과와 같은 33인이었다. 그 후 세종 25년(1443)에는 도시의 정원을 1등 7인, 2등 23인, 3등 40인, 합계 70인으로 정 하였으며, 세조 6년(1460)에는 무과 급제자와 무관들까지 도시 에 참여할 수 있도록 하고 정원을 1등 7인, 2등 33인, 3등 60인, 합계 100인으로 늘렸다. 이것은 무예로써 뽑는 정원이고 따로 병서를 시험 보아 20인을 추가로 뽑기도 하였다. 그러나 실제 로는 무예와 병서의 성적을 종합하여 성적순으로 뽑았으므로 두 가지 시험의 구별은 무의미하게 되었고, 『경국대전』에는 정 원조차 밝히지 않았다.

도시에 합격한 사람에게는 관품을 한 자급資級씩 올려 주거 나 갑사와 별시위에 입속시키거나 급사給仕·급도給到의 특전을 주었다. 외방 도시 합격자에게는 경중 도시 합격자의 절반에 해당하는 급사·급도의 혜택을 주었다. 이와 같이 도시는 무관·군사들의 무재를 시험하여 승진의 기회를 주는 것을 목적으로 하고 있었다. 따라서 무과 급제자와 내금위 군사는 반드시 도시에 응시하게 하여 승진의 특전을 보장해 주었다. 무과가 무재를 갖춘 인재를 선발하는 시험인 데 비하여 도시는 무과 급제자를 포함한 무관·군사들의 무예 단련을 위한 재훈련 과정으로서 우수한 사람을 승진시키는 시험이었다고 할 수 있다. 조선 후기에는 도시에서 우수한 성적을 거둔 자는 무과 전시에 직부시키도록 하였다. 도시를 통해 무과 전시에 직부할 수 있었으므로 당시 지방에서는 도시무과都試武科라는 말이 나올 정도였다고 한다.

조선 후기의 각종 시취試取

정규 무과는 아니었지만 조선시대에는 무인이 될 수 있는 다양한 명목의 시험인 이른바 시취試取가 존재하였던 점을 주목할 필요가 있다. 아울러 조선의 무과에는 각종 명목의 시취에서 합격한 자들은 무과의 규정의 여러 단계를 거치지 않고 초시나 복시를 면제하고 바로 복시나 전시에 응시할 수 있는 자격을 주는 이른바 '직부直赴'라는 제도를 운영하였다. 무과에서 직부를 시행한 것은 조선 전기부터이지만 본격적으로 무과 직부제의 시행은 17세기 전반 인조 대부터였다. 인조 대부터 서울 이외에 서북 지역을 비롯한 일부 지방에서 시재를 치러서 직부전시, 즉 전시에 직부하도록 하였고 대상도 한량이나 일부 군사로 확대되었다. 17세기 후반 숙종 대에는 직부 제도를 전국으로 확대하고 직부전시를 내리는 방법도 봄과 가을에 시행하는 도시를 이용하였다. 조선 후기 무과의 직부전시의 수여는 18세기 편찬된『속대전續大典』과『대전통편大典通編』등 법전에 의하면 권무과, 관무재, 시재, 시사, 내시가, 별시사, 중일, 중순, 외방별과, 도시 등 각종 무예 시험을 통해 이루어졌다. 시재는 조선 후기 중앙 군영이나 지방의 감영, 병영에서 군병에게 무재를 권장하기 위해 실시하는 무예 시험이다. 중일은 궁궐 내에 입직한 무관 및 군사를 대상으로 실시하는 시험이다. 시사는 매년 봄, 가을에 병조 판서와 금군별장禁軍別將이 금군과 표하군에게 보이는 시험이다. 별시사는 호위대장과 금군별장이 휘하의 군관에게 실시하는 시험이다.[25] 각종 시취가 많아지면서 식년 무과이외에 고위 무관이 되는 방법으로 각종 시취의 역할이 조선 후기에 들어서면서 매우 중요해졌다.

한편 조선 후기 군사제도에서 나타난 가장 큰 변화는 중앙의 군영의 창설과 확대, 지방의 정예 병종의 창설 등이 주목된다. 조선 후기 중앙의 주요 군영으로는 훈련도감, 금위영, 어영청, 수어청, 총융청과 함께 국왕의 호위 부대인 용호영龍虎營 등을 들 수 있다. 훈련도감은 기병인 마병과 조총수인 포수, 그리고 근접전 군사인 살수殺手로 크게 이루어졌다. 금위영과 어영청은 기병인 기사騎士와 포수가 주요 병종이었다. 이들에 대한 시취로는 먼저 중일中日로서 훈련도감의 무예포수, 살수, 기대장, 그리고 어영청과 금위영의 숙위기사宿衛騎士와 포수 등에게 시행하는 시취가 있었다.

훈련도감 무예포수의 중일은 『속대전』에 의하면 다음과 같이 규정되어 있는데, 양인良人인 포수砲手가 한 차례(一次)에 세 번 명중하는(三中)하는 경우는 1년을 기한으로 겸사복兼司僕의 급료를 주고, 두 차례(二次)에 연달아 세 번 명중하는 경우는 자신에 한하여 한 평생 동안 급료를 주고, 세 차례(三次) 연달아서 세 번 명중하거나 또는 직사각형의 길이 10척 8촌(340㎝), 넓이는 8척 3촌(261㎝) 크기의 표적인 관혁貫革에 세 번 명중하는 자는 왕명을 받들어 전시殿試에 직부하도록 하였다. 기대장旗隊長, 즉 기총과 대장의 경우에도 유엽전과 편전 중 한 기예에 만점을 받은 자는 무과 출신이면 관계를 올려 주고 한량이면 전시에 곧바로 응시할 수 있도록 하였다. 어영청 등의 숙위기사도 유엽전, 기추, 편전에서 한 기예에 만점을 받은 자에게는 기총과 대장의 경우와 같이 전시에 직부하도록 하였다. 유엽전과 편전은 1순, 즉 5발을 쏘고 기추는 한 차례 치도록 하였다. 포수도 조총 3발을 쏘아 만점을 받은 자에 대해 동일하게 대우하여 직부전시를 부여하였다.[26]

17세기 말부터 지방의 주요 지역에 차례로 정예 부대를 창설하였는데, 18세기 말까지 창설된 대표적인 병종으로는 함경도의 친기위親騎衛와 평안도, 황해도, 강원도, 경상도 등의 별무사別武士, 동래부의 별기위, 개성의 송도선무松都選武, 남한산성의 남한군관南漢軍官, 수원과 파주의 별효기사別驍騎士 등이 있었다. 이들 정예 군사들에 대해서는 도시都試를 통해 무예를 단련하고 측정할 수 있는 기회를 제공하였다. 도시에서는 성적 우수자에 대해 전시에 곧바로 응시할 수 있는 특전을 부여하여 이들 무사들에게 무과 급제의 통로를 크게 열어 주었다. 도시는 1684년 친기위를 시작으로, 1701년 강화부의 장려壯旅와 의려義旅, 1712년 평안도 별무사, 1718년 황해도 별무사와 동래부의 별기위, 1719년 평안도 의주, 강계, 선천, 창성, 삼화의 별무사, 1729년에는 강원도의 별무사와 권무군관勸武軍官, 1736년에는 황해도 추로무사, 1746년에는 경상도의 별무사, 1751년에는 경기, 충청도, 경상도, 전라도, 황해도, 강원도의 선무군관選武軍官과 황해도 향기사鄕騎士를 대상으로 도시를 실시하였다.[27]

가장 먼저 창설되고 규모가 컸으며 도시가 시행되었던 친기위의 경우를 살펴보면 다음과 같다.[28] 친기위는 1684년 우의정 남구만南九萬의 건의를 받아들여 우수한 기병 부대의 확보를위해 함경도에 600명 정원으로 창설되었다. 편성은 전통적인기병 편제인 영정제領正制를 채택하여 10명을 1영領으로, 3영을1정正으로 편성하였다. 친기위 군사의 선발은 천인을 제외한 모든 신분을 대상으로 하였고 매년 4회 시재試才하여 성적이 우수한 자를 관직에 채용하였다. 18세기 전반기부터 중요성이 재인식되어 정원도 꾸준히 늘어 19세기 전반기에는 4,100여 명으로까지 크게 확대되었다. 친기위 군사들은 1년에 네 차례, 즉2·5·8·11월에 각자 소속된 감영이나 병영에 모여 전마와 군장의 검열을 받았고, 유엽전柳葉箭과 편전片箭, 기추騎芻, 편추鞭芻 등네 가지 과목의 무예 시험인 시재試才를 치러야 했다. 11월의 시재가 끝나면 네 차례의 시험 성적을 합산하여 북관과 남관에서각각 성적 우수자 3명씩 모두 6명을 뽑아 병조에 보고하고, 병조에서는 이들을 변장邊將 등으로 등용하였다. 구체적으로 한가지 기예에서 만점한 자 및 수석한 자의 경우, 한량은 전시에곧바로 응시하게 하고 무과 출신에게는 변장에 임명하게 하였다. 관노와 시노寺奴는 면천하도록 하고 그다음 성적인 자에게는 해당 군영에서 포상하도록 하였다.

친기위의 시재에서 보이는 양상은 평안도, 황해도 등의 별무사와 동래 별기위, 개성의 송도선무, 수원과 파주의 별효기사 등도 비슷하였다. 이 도시에서도 점수를 통산하여 수석한 자나 한 기예에서 만점을 받은 경우 한량은 전시에 곧바로 응시할 수 있도록 하였다. 18세기 후반에는 경기 내의 수어청과 총융청의 마병 및 각도의 감영과 병영 소속의 마병을 대상으로 하여 유엽전, 편전, 기추 등 3가지 기예 중 한 기예에 합격한 자를 갖추어 해당 군영이나 해당 도에 보고하도록 하였다. 이어 한성의 본청이나 감영 혹은 병영 등에서 시험하여 선발하되 세 가지 기예 중 두 가지 기예에 합격한 자부터 점수를 계산하여 3인을 뽑아 임금에게 장계를 올려 보고하였다. 우등자 1인은 무과 전시에 곧바로 응시하도록 하고 그다음 성적인 자 1인은 회시에 곧바로 응시하도록 한 후에 모두 상당한 군임軍任에 임명하며 그다음 성적인 자 1인은 군임에 승진 임용하도록 하였다.[29]

각종 도시와 함께 관무재도 정식 무과는 아니지만 군영 등의 여러 병종의 무인들에게 무재를 시험하여 직부 전시 등을 통해 고위 무관으로 올라갈 수 있는 주요한 통로의 하나였다. 관무재는 특별한 왕명이 있을 경우에 한하여 시행하는 무인에 대한 시험으로 정식 무과와 같이 초시, 복시 및 전시가 있었다. 가선대부 이상인 고위 무관이나 금군별장, 호위별장, 금군장, 오

위장, 내승, 별군직, 병조의 당상군관, 5군문의 중군 이하 여러 장교, 선전관 등에게는 초시를 면제하였다. 관무재라는 용어가 『조선왕조실록』에 처음 나타나는 것은 16세기 전반 중종 대였다. 특히 명 사신이 함께 참석해서 구경하였다는 기록을 통하여 당시의 관무재는 관람용 국가 행사였음을 보여 주었다(『중종실록』 권6, 중종 3년 5월 5일). 관무재가 시취의 하나로서 정식 정착되는 것은 17세기 중엽인 효종 4년(1653)의 일이었다.[30]

관무재의 초시는 시험 장소를 2곳으로 나누었고, 두 장소에 2품 이상의 문관과 무관 1명이 시험관으로 임명되었다. 과거 응시자들은 철전鐵箭, 편전片箭, 기사騎射, 기창騎槍, 격구擊毬, 유엽전柳葉箭, 관혁貫革, 조총鳥銃, 편추鞭芻 등의 무예 중에서 4기技를 선택할 수 있었고, 이 중에서 1-2기를 시험하였다. 이때 금군禁軍은 병조 판서가 시험관이 되어 앞서 택한 4기와 편추·기창을 추가한 6기 중에서 선택하여 시험하도록 하였다. 또한 각 군문의 군병은 각각 그 해당 군영에서 조총 및 응시자가 선택한 1종의 무예를 시험하였다. 관무재는 다양한 장교와 여러 병종의 군사들을 대상으로 시험하였으므로 시험 과목은 매우 다양하였다. 예를 들어 장교와 마군의 경우 18세기 전반 편찬된 『속대전』에서는 철전, 유엽전, 편전, 기추 등이 시험 과목이었으나 18세기 후반에는 여기에 기창교전, 편추, 마상월도 등이 추가되

그림1 『무예도보통지』 서울대학교 규장각한국학연구원 제공

었다. 보군의 경우에는 매우 다양한 관무재 과목이 있었는데, 조총, 유엽전, 편전, 용검用劍, 쌍검雙劍, 제독검提督劍, 언월도偃月刀, 왜검교전倭劍交戰, 본국검本國劍, 예도銳刀, 목장창木長槍, 기창旗槍, 당파鏜鈀, 낭선狼筅, 등패藤牌, 권법拳法, 보편곤步鞭棍, 협도挾刀, 봉棒, 죽장창竹長槍 등이었다. 조총과 유엽전, 편전 이외의 여러 근접전 무예는 18세기 후반 정조 대 편찬된 종합무예서인 『무예도보통지武藝圖譜通志』에 자세한 내용이 수록되어 있다.

　관무재 복시의 경우 한성에서는 춘당대에서 왕의 참석 아래 시험이 진행되었다. 이때 2품 이상의 문관 1명과 무관 2명이 과

거 시행을 담당하는 참시관參試官이 되어 4가지의 무예를 시험
하였다. 임금의 좌우에는 2품 시관 2인을 임명하여 검술과 창
술 등의 기예로 살수를 시험하였다. 지방에서는 의정부 관원
1인이 시험관이 되어 조총과 편추를 시험하였는데, 참시관은
임금이 직접 참여할 때와 같았다. 성적 우수자가 벼슬이 없는
한량閑良일 경우에는 국왕이 주관하는 과거인 전시에 직부시켰
으며, 문과와 무과방목인 이른바 용호방龍虎榜이 갖추어지면 그
날로 합격자 발표를 하도록 하였다. 그다음 성적인 자에 대해
서는 논의하여 상을 주었다. 무과 출신出身 이상인 경우 유엽전
3발을 맞춘 경우에 4점을 주어 수령이나 변장에 임명하였다.

　　이상에서 보듯이 17세기 이후 한성의 주요 군영과 지방의
정예 병종 군사들은 식년 무과 이외에 별시 무과와 도시, 관무
재 등 다양한 시취를 통해 전시 또는 회시에 곧바로 나아갈 수
있었다. 즉 식년 무과의 매우 복잡한 절차를 거쳐 급제한 무인
도 있었지만 군영에 입속한 이후 각종 시취를 통해 무과에 급제
하는 경우도 적지 않았음을 알 수 있다. 무과를 통해 고위 무관
이 되는 경우 한성의 군영과 지방의 정예 병종 출신의 존재와
비중 증가는 조선 후기 주목되는 현상이며 이를 통해 조선 전
기 문반 가문 중 무예를 익혀 무과에 급제한 이후 계속 무과를
보아 무반 벌열이 되는 경우가 적지 않게 나타났다. 아울러 지

방인 중 일부는 한성의 군영 군병으로 입속된 이후 계속 한성에 거주하면서 무과와 각종 시취를 통해 무반이 되고 자손들도 계속 무과에 급제하여 세습 무반이 된 경우도 적지 않았다. 지방의 감영, 병영 등의 정예 병종에 속한 병사들의 경우에도 시취 등을 통해 무반으로 성장하는 경우도 나타났다. 이에 대해서는 다음 장에 자세히 언급하도록 하겠다.

무과의 절차

정규 무과인 식년시를 기준으로 『대전회통』과 『무과총요武科總要』를 바탕으로 무과의 절차를 정리하면 다음과 같다.[31] 무과는 문과와 마찬가지로 초시, 복시, 전시의 3단계의 절차에 의해 진행되었다. 초시는 식년의 전해 가을에, 복시와 전시는 식년의 봄에 실시되었다. 초시는 한성의 훈련원에서 시행하는 원시院試 각 도별로 시행하는 향시鄕試로 구분할 수 있는데, 원시는 훈련원이 주관하여 70인을 선발하고, 향시는 각 도의 병마절도사가 주관해서 모두 120인을 선발하였다. 따라서 초시 합격자는 총 190인이었다. 초시 과목은 조선 전기에는 목전木箭과 철전鐵箭, 편전片箭, 기사騎射, 기창騎槍, 격구擊毬 등 6기技를 시험하였으나,

조선 후기에는 새로운 무예의 도입과 전술의 변화에 따라 과목의 변화가 생겨 『속대전』에는 목전, 철전, 편전, 기추騎芻, 유엽전柳葉錢, 조총鳥銃, 편추鞭芻를 시험하도록 규정되었다.

초시의 시험 장소는 두 곳(兩所)으로 나누어져 있었다. 시험 장소인 각 소所마다 2품 이상 1인과 당하관堂下官인 문관 1인, 무관 2인을 시관試官에 임명하여 시험 보아 뽑으며, 감찰監察을 감시관監試官에 임명하였다. 복시에서는 식년 봄에 초시 합격자를 한성에 모아 병조와 훈련원이 주관해 강서講書와 무예를 시험하여, 28인을 선발하였다. 그러나 식년시 28인이라는 규정은 문과와 달리 제대로 지켜지지 않았으며, 훨씬 더 많은 인원을 뽑는 경우가 대부분이었다. 특히, 후기에 오면 식년 무과에서 몇백인을 뽑는 예가 잦았는데, 1894년 마지막 식년 무과에서는 1,147인을 뽑았다. 복시의 시관에는 2품 이상의 문관 1인과 무관 2인, 당하관인 문관 1인과 무관 2인이, 감시관에는 양사兩司에서 각각 1인씩이 임명되었다. 먼저 무기武技를 시험한 후에 강경 시험을 보았다.

최종 시험인 전시는 무과 시행 초기에는 기격구騎擊毬와 보격구步擊毬로 시험했으나, 뒤에는 목전 등 11가지의 무예 중의 1기 내지 2기로써 등급을 정해 갑과 3인, 을과 5인, 병과 20인 등 모두 28인을 선발하였다. 시관은 복시와 같았으나 다만 정승인 의

정議政 1인을 명관命官으로 추가하되 간혹 전직 의정 및 1품관으로써 그것을 대신하도록 하였다. 시험 대상인 11가지 무예 중 임금의 낙점을 받아서 1, 2기의 무예를 시험하도록 하였다.

식년 무과와 달리 국가의 경사나 10년에 한 차례 시행되는 중시에 대응하는 무과인 별시 무과는 단 한번의 시험인 초시만으로 합격자가 결정되고 등급이 정해지는 전시를 거쳐 확정되었다. 별시 시행의 양상을 보면 먼저 초시 때에는 시험 장소를 두 곳 즉 양시兩試로 나누어서 각각 2품 이상의 문관 1인과 무관 2인, 당하관인 문관 1인, 무관 2인을 시관試官으로 임명하여 시험 보아 합격자를 선발하되, 양사兩司(사헌부와 사간원)의 관원 각 1인이 이를 감독하도록 하였다. 전시 때에는 의정 1인으로 명관을 삼았다. 식년 무과와 동일하게 11가지의 무기武技를 임금에게 아뢰어 낙점을 받아 2, 3가지 무기로 시험을 보여 뽑으며, 점수點數 또는 적중한 화살 수로 뽑는 것은 초시나 전시가 같았다. 초시의 합격자 수는 임금에게 아뢰어 지시를 받아 결정하되 전시의 합격자 정원은 초시의 합격자 수의 다소에 따라 정하였다. 별시는 초시와 전시 모두 한성에 모아서 시행하였다. 별시는 한성에서 모든 것이 시행되고 초시만으로 합격자가 정해지므로 한성 및 경기 일대에 거주하는 이 지역 무인들에게 절대적으로 유리하였다.

무과와 각종 시취의 과목

　조선의 무과 과목은 크게 각종 무예와 병서 등의 서적을 보고 강론하게 하는 강서講書 등으로 구분되었다. 먼저 식년 무과의 시험 과목은 앞서 보았듯이 조선 전기에는 무예로 목전木箭·철전鐵箭, 편전片箭, 기사騎射, 기창騎槍, 격구擊毬와 강서 등 7종류를 시험하였다. 조선 후기 들어서면서 새로운 과목이 추가되었는데, 18세기 중엽 편찬된 『속대전』에는 관혁貫革, 유엽전, 조총鳥銃, 편추鞭芻가 추가된 것을 볼 수 있다. 이러한 변화는 임진왜란 등을 통해 새로운 무기인 조총이 도입되고 기병 전술에서 근접전의 중요성이 높아지면서 기창과 함께 편곤을 사용하는 마상 무예가 필요해진 상황을 반영한 것이었다.[32]

　먼저 목전은 주로 무과를 비롯한 시취 또는 교습에 사용하는 화살로서, 화살촉은 나무를 깎아 끝을 뭉툭하게 만들었으며, 오늬는 충격에 견디게 하기 위해 반드시 광대싸리나무를 사용한다. 깃(羽)이 좁고 화살대의 길이는 3척 8촌 내지 4촌이었다. 무과 등 시험에서는 표적標的까지 240보步의 거리에서 세 번 쏘아 채점하였는데, 목전은 서서 쏘는 보사용步射用으로서 3발을 쏘았다. 한 화살이 표적에 미칠 때마다 7점을 주되 240보를 지나면 초과하는 5보마다 1점을 더해 주고 50보를 지나면 목표 밖에 떨어졌더라도 점수를 주도록 하였다. 다만 앞의 목표 좌우거리는 50보, 뒤 목표의 좌우거리는 70보 이내로 하였다. 초시에서는 한 화살 이상을 득점해야 하며 이는 복시에서도 동일하였다.

철전은 단순히 철촉이 달린 화살이 아니라, 화살촉이 박두樸頭, 즉 나무촉 화살처럼 둥글고 날이 없으며 화살깃이 좁은 무과 시험용 화살을 말한다. 철전은 무게에 따라 육량전六兩箭·아량전亞兩箭·장전長箭 등으로 나뉘기도 하였다. 철전은 80보 거리에서 쏘며 중량은 6량이고, 한 발을 목표에 맞힐 때마다 7점을 주고, 80보를 지나면 5보마다 1점씩을 가하였다. 초시에는 득점 시수 1시 이상을 선발하며 복시도 이와 같았다. 80보에서 100보에 이르는 사이에는 전목표 좌우의 거리가 각각 50보 이내라야 하되 백 보를 지나면 그러한 제한이 없었으며, 방패에 맞히는 것은 10보를 감하여 점수를 주되 3시를 사용한다.

편전은 조선의 전통적인 장기로서 보통 화살의 절반 정도 길이로 30cm 남짓한 짧은 화살을 대나무를 반으로 쪼갠 통아桶兒라는 보조 도구를 이용해 발사하는 화살이었다. 일종의 총열인 통아를 통해 사격하므로 시위를 떠날 때 자세가 안정되어 정확성이 높아지며, 일반 화살보다 사거리와 살상력이 뛰어나다는 강점이 있었다. 무과에서 표적까지의 거리는 130보이며 한 화살이 표적판에 맞을 때마다 15분을 주고 중앙에 적중(貫中)하

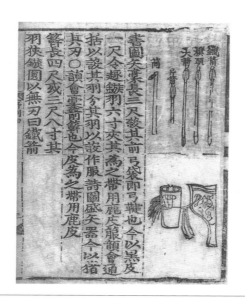

그림 2　성종成宗·신숙주申叔舟, 『국조오례서례』(1474)에 실린 편전과 통아, 한국학중앙연구원 장서각 소장

면 점수를 두 배로 주었다. 표적판인 후侯의 너비는 8척 3촌, 관貫의 너비는 2척 2촌, 길이는 2척 4촌으로 영조척營造尺을 사용하였는데 영조척은 30.65cm 정도이다.

　　기사는 말을 타면서 활을 쏘는 무예로서 북방 기마족의 특징적인 무예라고 할 수 있다. 무과 등 각종 시험에서는 말을 달리면서 화살을 둥근 과녁인 적的에 맞히도록 하였다. 과녁에서 50보나 180보 또는 200보 떨어진 거리를 말을 가로질러 달리면

그림 3 《북새선은도》〈길주과시도〉 중 일부, 국립중앙박물관 소장

서 활을 쏘도록 하였다. 목표물에 1발을 맞힐 때마다 5점을 주
었다. 4발 중에서 한 발을 맞추는 것은 5발 중에서 세 발을 맞추
는 것에 준하도록 하고 4발 3중은 5발 2중에 준하도록 하였다.
살받이터의 높이는 1자 5치이고, 35보 간격으로 세워 놓은 지름
1자의 짚으로 만든 인형 5개를 5발을 쏘아 맞히는 것이다. 조선
후기에는 약간 규정이 바뀌어 표적으로 지푸라기로 만든 사람
형태의 목표물인 추인芻人을 사용하였다. 5개 표적의 좌우 거리
는 20보로서 몸을 굽히고 말을 달리다가 앞을 향하여 마주 쏘고

활쏘기를 마친 후에는 몸을 일으켜 세우고 손을 들어 활을 돌리도록 하였다.

관혁은 네모난 직사각형 형태로 만들어진 표적물을 의미하는데 목표까지의 거리는 150보(180m)이다. 표적의 형태는 직사각형이고 길이는 10척 8촌(340㎝), 넓이는 8척 3촌(261㎝)이다. 정곡에 해당하는 관貫은 표적의 길이와 너비의 3분의 1에 해당하는 크기이다. 즉 관의 길이는 3척 6촌(113㎝)이고, 너비는 2척 7촌(87㎝)이다. 관혁은 편전과 같이 시험장에 2개를 설치하여 사용하였다. 관혁이 무과 전시의 과목으로 채택되면서, 관혁은 활쏘기 목표물의 의미를 가지게 되었다.

기창은 말을 타면서 창술을 펼치는 무예로서, 한 번 명중할 때마다 5점을 주되 자세를 제대로 갖춘 경우에 한하였다. 그 순서는 말을 몰면서 나간 후에 두 손으로 창을 잡고 높이 들어 왼쪽 겨드랑이에 창을 끼고 즉시 돌려 오른쪽 겨드랑이에 끼고서 첫 번째 허수하비에 이르면 찌르되 정면을 명중하여야 했다. 이어서 창을 왼쪽 겨드랑이에 끼고 두 번째 허수아비에게 달려가서 찌르고 또 오른쪽 겨드랑이에 끼고서 세 번째 허수아비에게 찌른다. 차례로 세 개의 허수아비를 찌른 뒤, 몸을 돌려 왼쪽을 보고 창을 갖고 뒤를 가리키고 오른쪽으로도 이와 같이 한 이후 창을 끌고 말을 달려 출발지로 돌아오는 것이었다. 창의 길이는

15척 5촌이고 무게는 30근이었다. 이 시험에서는 정확성과 자세를 평가하였으며, 창을 목표물에 정확히 맞혀도 말을 빨리 몰지 않거나 말채찍을 놓치면 점수를 주지 않았다. 세종 때에는 실전처럼 두 사람이 서로 말을 달리면서 착창세着槍勢·배창세背槍勢로 겨루도록 하여 시험하였으나, 위험이 많고 등급을 매기기 어렵다는 이유로 이후 허수아비를 사용하게 되었다.

격구는 민간에서 하던 무예의 한 가지로 말을 탄 채 숟가락처럼 생긴 막대기로 공을 쳐서 상대방 문에 쳐넣는 마상 놀이다. 우리나라에서는 언제부터 격구를 하였는지 확실한 기록이 없으나 『고려사』에 의하면 918년(태조 1)에 상주적수尙州賊帥인 아자개阿字蓋가 투항하고 싶다는 의사를 표시해 왔을 때, 그를 맞이한 환영식 연습을 격구장에서 하였다는 기록이 있는 것으로 미루어 이 놀이를 삼국시대에 이미 받아들였을 것으로 생각된다. 경기장에 좌우편 선수들이 줄지어 선 가운데 한 사람이 들어가 공을 공중으로 쳐 올리는 것으로 시작되며, 선수들은 제각기 말을 타고 달려 나와 공을 빼앗아 가지고 상대방 문전을 향해 공채로 몰고 간다. 격구는 구문毬門을 세우고 하는 것이 보통이지만 이것이 없이도 즐길 수 있다. 격구에는 다양한 기술이 있는데 격구채를 수직으로 드는 동작인 비이比耳, 공을 격구채로 뜬 후 격구채를 말의 가슴에 곧게 대는 동작인 할흉割胸, 격구채를 말꼬리와 나란히 하는 방미防尾, 원심력 등을 이용해 (쥐불놀이하듯) 격구채를 위아래로 돌리고 흔드는 수양수垂揚手, 그리고 공을 공중에 던져 올린 후 격구채로 받는 호접무胡蝶舞 등이 있었다. 조선 후기에 무과 시험 과목으로서 격구는 삭제되었는데, 이는 조선 전기 기병이 중시되던 것과 달리 임진왜란을 거치며 조총 등을 가진 보병의 우위가 확인되면서 기병 훈련과 관련된 격구가 삭제된 것이었다.

유엽전은 화살의 촉이 버드나무잎처럼 생겼다 하여 붙여진 이름이다. 유엽전은 조선 전기에도 존재하였으나 무과 과목으로 채택되지는 않았던 것을 보면 편전에 비해 중요성이 높지 않았던 것으로 보인다. 그러나 1651년(효종 2)에 유엽전 사격이 무과 시험 과목으로 채택된 것을 보면 통아를 이용하여 사격하는 편전에 비해 사격이 용이하고 위력도 적지 않은 유엽전의 전술적 중요성이 높아졌음을 알 수 있다. 다만 무과의 초시와 복시에는 유엽전 사격은 없었으나 전시에는 과목으로 포함되었고, 도시都試, 금군시사禁軍試射, 정시庭試, 알성시謁聖試, 중시重試 및 각종 별시別試에 유엽전은 과목으로 채택되었다. 화살의 무게는 8돈쭝이었으며, 120보 거리에서 쏘게 되어 있었다. 표적은 세로 6척 6촌, 가로 4척 6촌이었고, 정곡은 세로 2척 2촌, 가로 1척 5촌이었다.

조총은 잘 알려져 있듯이 임진왜란을 통해 조선에 보급된 화승총이다. 조선 후기의 주요 병종이 조총병인 포수인 점을 고려한다면 조선 후기 무과 과목으로 조총이 포함된 것은 당연하다. 무과 시 조총은 100보 떨어진 곳에 표적을 두어 한 번 적중할 때마다 7분 반을 주며 관중貫中하면 배를 주었다. 표적의 길이는 7척이고 너비는 3척으로 18세기 후반에는 세 번 사격하는 것으로 정해졌다.

편추는 말 위에서 편곤鞭棍을 사용하여 전후좌우 사방의 적을 공격하는 마상 무예의 하나이다. 편곤은 모편母鞭과 자편子鞭을 세 개의 둥근 고리로 연결하여 긴 자루 쪽인 모편을 잡고 휘둘러 타격하는 무기이다. 조선 후기 기병은 밀집한 적의 대형을 공격할 필요성이 높았으므로 기창騎槍보다 빠른 회수력과 휴대의 간편성으로 인해 마상편곤이 기병 돌격 무예의 핵심으로 인정받았다. 무과에서 편추는 표적인 여섯 개의 짚 인형을 각각 28보씩 서로 떨어뜨려 놓고, 중앙의 마로馬路를 달리다가 좌우의 짚 인형을 마상편곤을 이용하여 때리는 형태였다. 편추에서 짚 인형의 머리 길이는 1척尺 2촌寸이고, 목 길이는 3촌이다. 좌우의 거리는 마로로부터 3보 떨어져 있다.

조선 후기 무과 시험에서 편추의 자세를 살펴보면 첫 번째 자세인 상골분익세霜鶻奮翼勢는 왼손으로 말의 고삐를 잡고 오른

손으로는 편곤을 잡아 높이 쳐올리는 자세이다. 두 번째 자세인
청룡등약세靑龍騰躍勢는 고삐를 놓고 두 손으로 편곤을 잡아 이
마를 지나도록 높이 쳐드는 자세를 말한다. 세 번째 자세인 춘
강소운세春江掃雲勢는 자신의 왼쪽으로 편곤을 크게 휘둘러 방어
하는 자세였고, 네 번째 자세는 백호포휴세白虎炰休勢로 두 번째
자세인 청룡등약세와 거의 유사하다. 다섯 번째 자세는 추산어
풍세秋山御風勢로 세 번째 자세인 춘강소운세와 한 짝이 되는 자
세이다. 여섯 번째 자세는 벽력휘부세霹靂揮斧勢로 편곤을 위로
치켜들었다가 상체를 약간 앞으로 숙이며 왼쪽 앞을 내려치는
자세를 말한다. 마지막 자세는 비전요두세飛電繞斗勢로 앞의 자
세인 벽력휘부세와 한 짝이 되는 자세를 말한다. 벽력휘부세는
왼쪽 앞을 내려치는 자세인 반면에, 비전요두세는 똑같은 상황

그림 4 『무예도보통지武藝圖譜通志』「마상편곤」, 한국학중앙연구원 장서각 소장

에서 오른쪽 앞을 내려치는 자세이다.

무과의 과목 중 무예가 아닌 유일한 과목이 강서講書이다. 무과에서 강서는 책을 보면서 강론하는 임문臨文으로 하도록 하였다. 이때 『경국대전』은 필수로 하되, 사서오경 중 1권, 무경칠서 중 1권, 『통감(절요)』, 『(역대)병요兵要』, 『장감박의』 중에서 1권을 선택하도록 하였다. 무과에서는 무예가 가장 중요하기 때문에 강서는 임문 정도로만 요구하였음을 알 수 있다. 조선 후기에는 증광 복시에서는 무경칠서와 사서오경 중 한 책을 스스로 원하는 바에 따라 선택하도록 하였다. 강서의 점수는 각각의 문항에 따라 통通, 약略, 조粗, 불통不通 등으로 나뉘었다. 통은 7분, 약은 5분, 조는 3분의 점수를 주었다. 무경칠서 중에서 가장 쉽고 분량이 적은 『오자』의 강경에 응시자가 몰림에 따라 18세기 후반에 들어서면서 무경칠서 중에서 『오자』는 제외하였다. 『경국대전』과 『속대전』에 나타난 조선 전후기 식년 무과의 시험과목을 정리하면 【표 1】과 같다.

무과 이외의 여러 시취의 경우 강서는 없으며 무예도 약간 소략한 경우가 대부분이다. 예를 들어 친기위 도시의 경우에는 철전, 유엽전, 편전, 기추, 조총, 편추 등 6가지 무예가 시험 과목이며, 별무사, 별기위 등 병종의 경우에는 다소 가감이 있었다. 앞서 보았듯이 관무재에서 보군의 경우에는 조총, 유엽전,

	경국대전		속대전	
	무예	강서	무예	강서
초시	목전, 철전, 편전, 기사, 기창 격구		목전, 철전, 편전, 기사, 기창, 조총, 편추 중 1-2기 수점(受點)	
복시	초시와 동일	사서오경 중 1서, 무경칠서 중 1서, 통감, 병요, 장감박의, 무경소학 중 1서(이상 3서는 응시자의 자원에 따름), 경국대전	초시와 동일	식년시는 경국대전과 동일, 증광시는 무경칠서와 사서오경 중 1서(응시자의 자원에 따름)
전시	기사, 기창, 보사, 격구		목전, 처런, 편전, 기사, 관혁, 기창, 유엽전, 조총, 편추 중 1-2기 수점 (受點)	

표1 『경국대전』과 『속대전』에 나타난 조선 전후기 식년 무과의 시험과목

편전, 용검用劍, 쌍검雙劍 제독검提督劍 언월도偃月刀, 왜검교전倭劍交戰, 본국검本國劍, 예도銳刀, 목장창木長槍, 기창旗槍, 당파鏜鈀, 낭선狼筅, 등패藤牌, 권법拳法, 보편곤步鞭棍, 협도挾刀, 봉棒, 죽장창竹長槍 등 많은 무예 중에서 임의로 뽑아 시험하였다.

4

조선 무인의
무과 준비

16세기 후반 이순신 사례

조선시대 무인의 무과 준비에 대한 자세한 자료는 거의 없는 실정이다. 무인의 전기 등에 나타난 무과 준비에 대한 기술은 무관에 뜻을 두고 궁술 등의 무예를 익혀 무과에 급제하였다는 내용에 그치는 경우가 대부분이다. 개인의 일기와 같은 자료에 평소의 무예나 병서 학습 등 무과 준비에 대한 자세한 내용이 실린 경우는 거의 없다. 대표적인 조선 중기의 무인인 이순신의 경우에도 『난중일기』를 남겼지만 그 내용은 임진왜란 중의 전란 일기이므로 그의 청년기 무과 준비에 대한 내용은 그의 조카인 이분李芬이 쓴 『이충무공전서』의 「행록」 등에 소략하게 나마 기록되어 있을 따름이다.

조선시대에 무과 응시를 준비하려면 궁마弓馬, 기사騎射 등의 무예를 연마해야 하고 아울러 무인으로서의 자질을 함양하기 위한 강경에 대비하기 위해 무경武經 등 병학에 대한 깊은 지식을 공부해야 한다. 이순신은 처음에 백형인 희신羲臣, 중형인 요신堯臣과 함께 유업儒業을 닦았다. 즉 문과 급제를 목표로 하여 유학 공부에 매진한 것이다. 하지만 이것이 자기의 길이 아니라는 생각을 갖게 되고 깊은 회의감을 느꼈다. 그것은 이순신의 개인적 성향과 함께 대외적 유동성이 높아지던 16세기 중반 당시 무장으로서의 능력을 가진 유학자인 유장을 요구하던 시대적 상황, 그리고 가정의 어려운 경제적 여건 등을 고려한 현실적 판단도 있었을 것이다. 그가 결정적으로 무인이 되기로 결심한 것은 명종 21년(1566) 21세 때 겨울이었다.

지금까지 이순신이 무인이 된 것은 무인 출신으로 보성군수를 역임한 장인 방진方震의 영향이 컸다는 주장이 정설로 자리잡았다. 물론 방진의 영향도 있었지만 이순신의 가계는 조선 전기 양반 가문의 일반적인 양상과 같이 문·무과에 골고루 급제하였다. 따라서 문과를 준비하던 이순신이 무과로 옮기기 유리한 여건이라고 할 수 있다.[33] 이순신의 부친 이정李貞은 1573년 병절교위秉節校尉(종6품), 1576년 이순신이 무과에 합격했을 당시

실직은 아니었지만 무산계武散階의 산직散職인 창신교위彰信校尉
(종5품) 등을 가지고 있었다. 이정은 무산계의 관품을 가진 유향
품관留鄕品官으로 향촌에서 양반으로 행세했다. 이순신의 외가
도 외증조인 변홍조卞弘祖가 무과에 합격하여 군수를 지내고 건
공장군建功將軍(종3품)으로 선사포진宣沙浦鎭 첨사를 역임하였다.
외삼촌인 변오卞鰲는 충순위忠順衛에 속해 있었고, 외사촌인 변
존서는 이순신과 함께 백암리에서 무과 수련을 하다가 이순신
이 무과에 급제한 7년 후인 선조 16년(1583)에 무과에 급제할 정
도로 가문적 배경에서 무인적·군사적 영향력이 상당하였다. 실
제 16세기까지 당시 양반 사족들은 여전히 자신의 출사 경로로
문·무과를 차별하지 않았으므로 한 집안 내에 문·무과 출신이
혼재하거나 문관 집안과 무관 집안이 혼인으로 연결되는 경우
가 적지 않았다.[34]

　　이순신 집안이 그의 외가가 있는 아산으로 이주한 것도 그
가 무관으로 전환하는 데 중요한 배경이 되었다. 이순신의 부친
인 이정이 처가가 있는 아산으로 이주한 것은 처가의 전장田莊
이 있는 곳으로 당시 아산은 궁벽한 시골이어서 제대로 된 사족
사회가 형성되지 못한 곳으로 유교적 영향력이 타 지역에 비해
높지 않은 곳이었다. 대신 무예를 익히는 데에는 유리한 지역
이라 할 수 있다. 이순신이 처음 무과에 도전한 것은 무과를 준

비한 지 6년이 지난 선조 5년(1572)이었다. 이순신이 응시한 훈련원 별시는 그해 두 번째 치러진 별시로 8월에 초시를 보기 시작하여 추운 12월에 전시가 실시되었다. 이순신은 초시에서 기사 중 낙마로 부상을 당해 급제하지 못하였다. 이 훈련원 별시에 이순신이 낙마하여 무과 급제에 실패한 것은 무예 수련이 충분치 않아 기량이 성숙되기 전에 무리하게 응시한 결과는 아닐까 생각한다. 이후 부상의 치료와 무예 수련을 위해 이듬해 수차례 치러진 식년시나 별시에 응시하지 않았다. 부족한 무예 기량을 향상시키기 위해 시간이 더 필요하였기 때문이다. 이순신은 4년을 더 연마하여 선조 9년(1576) 식년시에 응시하여 급제하였다.

첫 무과 낙방 이후 무예 수련 기간 중 이순신의 무예 기량은 상당히 성숙되어 조카 이분이 「행록」에서 언급한 '체력과 기사騎射에서 한때 함께 어울리던 사람 중에서 겨룰 사람이 없었다(膂力騎射. 一時從遊者莫有及焉)'라는 서술이 이 무렵의 이순신의 상황을 잘 설명하고 있다. 이순신은 근력筋力을 키우고 이전에 낙마로 낭패한 경험을 만회하기 위해 승마 실력과 기사 능력을 집중적으로 배양하여 동류 중에 따를 자가 없을 정도로 무예가 탁월하였고, 무경武經에 대한 지식도 심화시켜 고시관을 놀라게 할 정도였다. 한편 「행록」에서 이순신의 '성격이 꼿꼿하여 함께 수련하던 무부武夫들이 종일토록 자기들끼리 농담과 장난을 하면서도 이순신에게는 감히 하대를 하지 못하고 존경했다'는 말이 있을 정도로 무예를 수련하던 무인 집단이 있었음을 알 수 있다. 이순신은 무과를 연습할 때 아산과 온양 일대의 무과 지망자인 한량閑良들과 함께 수련했음을 알 수 있다. 아산과 온양, 신창 일대에 무과에 뜻을 두고 말타기와 활쏘기, 무예 등을 연마하는 한량 집단이 존재하였고 이순신은 이들 한량 집단과 함께 무과 훈련을 한 것이다.

조선 초기의 한량은 본래 관직을 가졌다가 그만두고 향촌에서 특별한 직업이 없이 사는 양인을 가리키는 단어였다. 그러나 16세기 이후에는 사족 내지 부유한 양인 자제로서 군역을 기피하여 호적과 군적에 등재되지 않은 무리도 한량으로 불리웠다. 특히 중종 대 이들 한량에 대한 무과 응시가 공인되면서 무예를 익혀 활을 잘 쏘는 무사 내지 무과 응시자까지도 한량으로 불렸고 한량들의 무인으로서의 성격은 더욱 강화되었다. 17세기 중반 이후에는 그 의미가 무과를 준비하며 무를 업으로 하는 양반의 직역으로 확정되었다.[35] 16세기 후반의 한량들은 무과를 준비하며 무예를 익히는 양인으로 지역 사회에 널리 존재하였다. 이들은 군사로 복무할 장비를 구입할 수 있고 궁술과 같은 무재를 익힌 계층으로 자주 언급되었다.[36] 기마와 궁술 등 이순신의 무예 수련은 아산 일대의 한량 집단과의 교유와 밀접한 관련을 가지고 있었다.

18세기 후반 노상추 사례[37]

18세기 후반-19세기 초 무인인 노상추盧尙樞(1746-1829)는 경상도 선산善山에서 태어나 무과에 급제한 이후 삭주부사朔州府使를 지낸 인물이다. 안강노씨에 속한 노상추 집안은 17세기만 하더라도 선산에서 영남 남인南人의 가풍을 지닌 명망 있는 양반가였다. 노상추의 6대조인 노경필盧景佖은 한강 정구鄭逑 문하에서 학문을 익혔고 지역 사회에서 학식과 덕망을 갖춘 선비로 손꼽혔다. 또한 송당 박영 문하이자 여헌 장현광의 매형인 노수함盧守誠의 아들인 노경임盧景任의 문과 급제 때 그 절정을 이루었으나, 이후 영남 남인이 중앙 정치 무대에서 열세가 되면서 문과를 통해 중앙 관료로 진출하기 어려운 상황에, 숙종 갑술환국 때 노경임의 손자 노이익盧以益이 처형되자 안강노씨는 문과를 통해 관계 진출이 사실상 불가능해진다. 실제 노경필 이후 눈에 띌 만한 벼슬을 하거나 생원 진사시나 문과에 급제한 사람이 나오지 않았던 것과 관련이 있다.

노상추의 조부 노계정盧啓禎은 "나의 가난이 심하여 버틸 수가 없다"고 탄식하면서 붓을 꺾고 31세 되던 영조 1년(1725) 무과에 급제한 이후 무신란戊申亂 때 경상감영 별장으로 별군관으로써 종군하여 신임을 얻었다. 이어 수문장에 발탁된 뒤 군수, 부사, 천총, 영장 등 여러 지방관과 군영의 무관 요직과 전라우도 수군절도사, 경상좌도 병마절도사까지 올랐다. 이러한 영향으로 그의 손자 노상추를 비롯한 후손들은 무관으로 입신하게 된다. 실제 안강노씨 역정공파에는 노경임 등 문과 급제자도 있었지만 무과 급제자도 상당히 많았다. 특히 이러한 양상은 조선후기 더욱 뚜렷해져 시조로부터 10세에부터 14세손에 이르는 5대 동안 9명의 무과 급제자를 배출할 정도로 무반 가문적 성격이 강해졌다.

노상추는 유생으로 자처하다가 중도에 진로를 바꾸어 23세때인 영조 46년(1770년)에 최초 궁술을 익히던 선산의 고남에서 해주정씨海州 鄭氏 종손의 세거지인 신당리로 옮겨 정식으로 신사례新射禮를 하고, 이후 신당포의 활터에서 해주정씨 사람들과 함께 활을 익혔다. 해주정씨 무과 급제자 34명 중 6명을 제외하고 모두 신당포의 종가쪽에서 급제자를 배출한 것을 보면 신당포 활터는 해주정씨 무과 급제의 산실이었음을 알 수 있다.[38] 신당포에서 무과를 준비하며 10여 년이 지난 정조 4년(1780)에 노상추는 35세의 나이로 경자년 식년 무과 시험에 급제하였다. 노상추는 일기를 17세부터 쓰기 시작하여 세상을 뜨는 84세까지 지속되었다. 그의 일기는 그 양만 51책에 달하는 방대한 분량으로 그의 가족과 향촌 사회, 무과 준비, 관직생활 등에 대한 내용이 잘 정리되어 있다. 따라서 18세기 후반 무인의 무과 준비 양상에 대한 구체적인 내용을 파악하는 데 많은 도움을 준다.

23세에 무예로 진로를 바꾸기로 한 이후 노상추의 행보는 매우 적극적이었다. 활쏘기에 대한 일기 내용을 보면 이러한 양상을 잘 볼 수 있다. 다음의 1772년 3월의 일기에 의하면 그의 활쏘기 연습 양과 무과에 대한 그의 관심을 엿볼 수 있다.

> 3월 초7일 나가서 40차례(巡) 활을 쏘았다
>
> 3월 초8일 나가서 45차례 활을 쏘았다.
>
> 3월 초9일 나가서 60차례 활을 쏘았다.
>
> 3월 초10일 나가서 35차례 활을 쏘았다.
>
> 3월 11일 나가서 40차례 활을 쏘았다. 들으니 이번 봄에는 정시庭試가 없었고 기로과耆老科를 시행하여 많은 수의 문신과 무신을 등용하였다. 문과에서는 4명을 뽑아 모두 곧바로 승지承旨에 제수했는데, 신광수申光洙가

장원을 차지했다고 한다.

3월 12일 나가서 38차례 활을 쏘았다. 신포新浦의 조취
건趙取健이 연달아 3일 동안 왔다 갔다. 정鄭 선달 척형
이 도개桃開의 김익채金益采와 함께 사정射亭에 와서 한
담을 하다가 해질녘에 마치고 헤어졌다. 김金은 김윤창
金允昌의 아들인데 지금 진로를 무과로 바꾸려고 온 것
이다.

3월 19일 아침에 10여 차례 활을 쏘았다.

3월 20일(을묘) 나가서 50차례 활을 쏘았다.

3월 21일(병진) 아침 전에 활을 20차례 쏘았다.

3월 22일(정사) 55차례 활을 쏘았다.

　3월 한 달 동안의 노상추의 일기 중 이상의 자료를 통해 일
기에 기록된 것만도 10일 동안 사정에 나아가 활쏘기 연습을 하
고 있으며, 하루에 사격 연습하는 화살의 양도 상당한 양이었
다. 위 일기에서 순巡은 화살 5발을 의미한다. 따라서 하루 동안
연습한 화살의 양은 최하 50여 발에서 최고 300발로 하루 보통
100-250여 발에 달하는 것을 볼 수 있다. 이를 통해 당시 노상
추가 얼마나 무과 준비에 몰두하였는지를 잘 알 수 있다. 활쏘
기 무예 연습 이외에도 노상추는 무과에 관련된 각종 정보를 수

집하였을 뿐만 아니라 지인들의 무과 준비 등에 대해서도 관심을 기울이고 있었다.

무과에 대한 정보를 얻기 위해 노상추는 26세가 되던 1771년 정월 정과庭科를 보고 싶다고 하고 노奴 손돌孫乭을 데리고 한성으로 길을 떠났다. 11일에 걸쳐 한성에 도착한 그는 한성 이곳저곳을 다니며 과거 시험에 대한 각종 소문과 과거 시험 방식에 대한 정보를 얻었다. 예를 들어 2월 3일의 일기에 의하면 무과에 응시하기 위해 단자를 적어서 관에 제출하여야 하고 과거 규정은 각 시소試所에서 각각 300명을 선발하는데, 무과 기예에서 육량전六兩箭은 130보 이상의 거리를 쏘아야 하고, 유엽전 3발을 적중해야 한다는 것을 확인하였다. 그는 신문新門 밖으로 나와서 시험이 치러지는 장소인 모화관慕華館에 가서 구경하고 거처로 돌아오기도 하였다.

이듬해인 1772년 10월 초9일에 정과 초시가 있다는 소식을 듣고 친구들이 먼저 떠나면서 노상추를 초청하였다. 정시가 실시된 것은 그가 선산의 집을 나선 지 24일 만에 이루어졌고 정시를 구경하고 돌아온 것은 집을 떠난 지 한 달여가 지난 후였다. 이후 묵묵히 무과 준비를 하던 노상추는 5년이 지난 1776년 정월 13일에 정과가 있다는 소식을 듣고 출발해 시험 이틀 전 한성에 도착하였다. 도착하자마자 13일 치를 예정이었던 무과가 무산되었다는 소식을 들었으나 그는 고향으로 돌아가지 않고 묵묵히 활쏘기 연습에 전념하였다. 3월에 파루罷漏 후에 문·무과 정시庭試가 열린다는 명령이 정식으로 내려졌다. 수개월에 걸쳐 한성에서 시간을 보내며 과거 시험을 구경하고 다양한 무과 관련 정보를 획득하였다. 이를 통해 식년 무과가 아닌 임시 무과의 경우에는 개인의 성적과 함께 무과 실시에 대한 각종 정보가 상당히 중요하였다고 할 수 있다.

노상추 본인의 무과 도전은 1777년(정조 1)에 시작되었다. 초시는 8월 4일 경상도 김해에서 치러졌다. 4일 궁시 시험인 시矢를 시작으로 5일에 사射, 다음날에는 포砲(조총 사격), 추騶(騎蒭), 창槍(騎槍) 등 법전에 실린 무과 과목을 모두 시험 보였다. 시험을 마친 다음 날인 7일 방이 붙었는데 노상추의 이름이 있었다. 그는 다음 날 바로 친구들과 함께 집으로 돌아와 한 달여 후에 있을 무과 회시의 준비에 착수하였다. 8월 28일 회시를 위해 친구들과 함께 한성으로 길을 나섰다. 이들 일행이 한강을 건너 한성에 도착한 것은 9월 7일이었다. 회시가 16일 시작되어 노상추는 목지木枝(목봉), 시, 조총 등 여러 무예를 시험을 치르고 이틀 후에 치러진 강경에서는『통감(절요)』과『대학』에서는 조粗의 성적을 받았지만 무경칠서의 병서 중 하나인『삼략』에서는 '불不'의 성적을 받았다. 그가『삼략』에서 이러한 낙제점을 받은 것은 정보의 부재에 따른 것이었다.

무과 준비 동안 노상추는 강경 시험을 준비해 오면서 무경 칠서 중 『오자』만을 공부해 왔다. 그러나 영조 대부터 이미 국왕의 명령인 수교受敎를 통해 『오자』는 시험에 쓰지 않기로 한 것을 알지 못하여 결국 낙방을 한 것이었다. 이것을 보면 지방의 무과 준비생들은 정보의 부재로 인해 많은 어려움이 있었음을 알 수 있다. 여러 차례 한성에 올라와 무과를 구경하고 정보를 얻었던 노상추도 이러한 한계를 벗어나지 못하였음을 알 수 있다. 그는 며칠 후 역적을 토벌한 것을 축하하는 토역진하討逆進賀의 정시가 있다는 소식을 들었으나 친구와 함께 고향으로 돌아와 버렸다.

노상추는 이듬해인 1778년 알성 초시에 다시 도전하였다. 그는 무과에 응시하는 여러 친구와 함께 10일 이상 걸어 7월 초 하루에 한강을 건너 한성으로 들어왔다. 이번 시험에서 강경은 『오자』를 제외한 나머지에서 한 책을 자원하여 조 이상만 받으면 되었다. 그러나 이번 초시에서 그는 무예 실기에서 준비가 충분하지 못하였다. 목전, 철전, 기추, 편추 등을 시험 본다고 하였는데 목전 도구를 제대로 준비하지 못한 것이었다. 다행히도 과거 시험일이 13일로 연기되었으므로 목전 도구를 구하여 시험에 응시할 수 있었다. 13일 초시가 시작되었고 노상추는 다음

날 목전을 쏘았는데 3시를 놓쳤다. 19일에는 철전을 쏘았으나 만족스럽지는 못하였고 8월 3일 유전, 즉 유엽전을 쏘았으나 합격하지는 못하였다. 그의 친구 중 조영우만 합격하였다. 노상추는 이틀 후인 5일 한성을 떠나 그달 13일에 집으로 돌아왔다.

고향에 돌아온 노상추는 한동안 무예 훈련을 하지 않았다. 아마도 여러 차례 무과 낙방이 그에게 적지 않은 충격을 주었고 무과 준비로 소홀하였던 집안의 여러 일을 돌볼 필요가 있었기 때문인 듯하다. 아울러 그 당시 유행하던 천연두로 인해 주변을 조심한 것도 영향을 미쳤을 것이다. 고향으로 돌아온 그가 본격적으로 활쏘기 연습을 시작한 것은 이듬해인 1779년 3월 9일이었다. 그날 일기에 그는 '비로소 김익채金益采 군과 함께 활쏘기를 하였다'고 한 것을 보면 다시 연습을 재개하였음을 알 수 있다. 실제 4월의 일기를 보면 초중순 사이 7차례 송당 아래에서 활쏘기를 연습한 것을 통해 알 수 있다. 이렇게 무과 준비를 하던 노상추는 그해 서른 네 살의 나이로 다시 한번 무과에 도전하게 된다. 이번에는 동생인 노상근(자 영중)과 함께 무과 준비와 응시를 하게 된 것이다. 노상추의 무과 준비는 이전보다 매우 적극적으로 변했다. 예를 들어 6월 16일에는 우곡愚谷의 깊은 곳에 활터까지 만들고 목전 사격을 연습하는 것을 통해 미루어 짐작할 수 있다.

9월 6일 노상추 형제는 향시를 치르기 위해 집을 나서 11일 시험이 치러지는 단성에 도착하였다. 20일에 첫 번째 과목인 사목射木 시험, 즉 목전 사격 시험이 열렸다. 무과에 첫 번째 도전한 동생 노상근은 세 번째 화살이 과녁에 미치지 못하는 실수를 범하였으나 노상추는 그런대로 만족스럽게 사격하였다. 다음 날에는 조총 사격을 시험하고 셋째 날 바로 시험 결과가 발표되었다. 함께 응시하였던 지인들 중에서 노상추만이 혼자 95획 16푼의 점수로 말단에 겨우 이름을 올렸다. 향시에 합격한 노상추는 만족하지 않고 대구에서 시행되던 도시都試에 응시하고자 하였다. 향시를 마치고 집으로 돌아와 얼마 지나지 않은 10월 6일 대구로 출발하였다. 이 도시는 선무도시選武都試로서 각도의 선무군관들에 대해 매년 한 차례 시행하는 도시였다. 매년 한 차례 각 해당 고을의 수령이 먼저 시험 보아 유엽전 1순巡을 쏘게 하여 1시 이상을 적중한 자를 뽑아서 감영에 보고하고 감영에서는 감사가 가을 순행 때 부근에 장소를 정하여 일차 합격자들을 모아 다시 시험을 보아 임금에게 장계로 그 결과를 보고하였다. 각도의 도시에서 수석한 자 1인은 곧바로 전시에 응시하도록 하고, 다음 성적자 1인은 회시에 곧바로 응시하도록 하였다. 그다음 성적 5인에게는 해당년의 신포를 면제해 주는 포상을 하였다.[39]

노상추는 이 선무도시에 큰 기대를 하고 응시한 것은 아니었지만 유엽전 활쏘기 시험에서 5발 중 2발을 맞추는 것에 그쳤다. 주변의 정필신鄭必新이 4발을 맞추었으나 함양咸陽의 김종철金宗哲과 성적을 비교比較하여 2등을 차지해 무과의 초시에 붙는 자격을 얻어 곧바로 회시에 응시할 수 있었던 것을 시기하여 마음이 분하고 답답하였음을 토로하고 있다. 도시 이후 그는 넉 달 후인 이듬해 초에 시행될 정과庭科의 준비에 관심을 집중하였다. 1780년(정조 4) 1월 그는 다음 달 시행될 정과에 응시하기 위해 21일 집을 떠나 함창의 덕통참에 묵은 이후 문경, 연풍, 충주, 죽산, 험천참에서 하루씩을 묵으며 1월 27일 숭례문을 통해 한성에 들어왔다. 노상추는 침례 김성태의 집에 유숙하고 나머지 일행들은 여행 숙소인 여사旅舍에 묵으며 본격적으로 무과 준비를 하기 시작하였다. 다음 달인 2월 22일 무과가 개장하였는데 노상추는 첫날에 목전과 철전을 무난하게 쏘아 목전과 철전의 획수를 모두 계산하면 86획 13분의 성적을 거두었다. 노상추의 일기에는 그날 거둔 성적의 구체적인 내용이 다음과 같이 적혀 있는데, 당시 무과의 무예 성적을 환산하는 방식이 잘 나와 있다.

먼저 목전木箭을 치렀는데, 원청장原靑帳은 표식(標)을 240보를 기준으로 세우며, 이 표식을 넘긴 보수步數를 기준으로 하였다. 노상추는 첫 번째 화살에서 30보를 얻고, 2시에서 또 30보를 얻었으며 3시에서 39보를 얻었다. 획수劃數(점수)를 계산해 보니, 원청장까지는 화살 한 번 쏠 때마다 7획을 주므로 3시를 합쳐서 21획이다. 표식을 넘긴 것은 5보당 1획을 주므로 30보는 6획이며 3시를 합치면 19획 4분이 된다. 전부 합쳐서 40획 4분이었다. 저물녘에 목전 시험장을 거두고 이어서 철전鐵箭을 치렀다. 철전의 방패防牌[40]는 80보를 기본 표식으로 삼으며, 표식을 넘긴 보수를 기준으로 하였다. 원방패原防牌와 화살마다 5보당 1획을 주는 것은 목전과 규식이 같았다. 노상추는 첫 번째 화살에서 44보를 얻고 2시에서 44보를 얻었으며 3시에서 46보를 얻었다. 원방패의 점수가 21획이고, 표식을 넘긴 점수 역시 목전과 규식이 같으므로 3시를 합쳐서 25획 9분이며 두 가지를 합쳐 46획 9분이다. 목전과 철전의 획수를 모두 계산하면 86획 13분이었다(『노상추일기』, 「경자일기」 2월 22일).

원청장이란 푸른색 휘장으로, 무과에서 목전을 시험할 때에 사용한 표적을 의미하는 것으로 보인다. 점수의 환산은 목전이 40획 4분이고 철전의 경우에는 원방패 점수가 21획이며, 표식을 넘겨서 얻은 가산점이 1시에서 8획 4분, 2시에서 8획 4분, 3시에서 9획 1분이므로 전부 합쳐서 46획 9분이 된다. 목전과 철전의 획수는 86획 13분이었다. 첫날부터 예전에 비해 상당히 좋은 성적을 거두었으나 다음 날인 23일 치러진 편전과 조총은 과녁에 정확히 맞히지 못하였다. 따라서 성적을 거둔 것은 없었다. 노상추는 그날 곧바로 강서를 시험 보려 하였으나 해가 져 다음 날인 24일로 미루어졌다. 실제 그의 일기를 보면 군사적으로 위력이 높았던 편전이나 조총 사격 연습은 거의 보이지 않는 것을 보면 훈련 부족으로 인한 것으로 보인다. 셋째 날에 강서 시험이 있었는데 그날의 광경에 대해서는 다음과 같이 기술하고 있다.

> 한낮 무렵에 내가 '우宇' 자가 쓰인 찌를 뽑아서 강서를 보았다. 먼저 『장감박의將鑑博議』의 반초론班超論을 보았다. 다음으로 『대학』에 나오는 "시詩에 이르기를 '싱싱하고 파릇한 복숭아나무, 그 잎이 무성하구나'(桃之夭夭, 其葉榛榛)"라는 장을 시험 보았다. 다음으로 『사마법司馬法』에 나오는 "바른 도리로 뜻을 얻지 못하면 권도를 쓴다"는 본문 내용을 시험 보았다. 다음으로 『경국대전』을 시험 보았다. 무과의 규정에 응시자로서 시험장에 책을 갖고 오거나 차술借述한 사람은 모두 두 차례의 과거 응시 자격을 박탈하였다. 강서는 순조純粗를 받았는데 조粗마다 3획을 주는 것이 정식이다. [시험을 본] 4책冊

을 모두 합하여 12획이니 통과되었다. 활쏘기와 강서를 계산하니 98획 13분이다. 무릇 강서는 스스로 계산할 때에는 4책이 순통純通이었으나 결국 순조를 받았으니, 세력이 있고 없고는 이것을 말하는 것이다.

- 『노상추일기』, 「경자일기」 2월 25일

이것을 보면 무과의 강서에서 『장감박의』, 『대학』, 『사마법』, 『경국대전』 등 모두 4책을 시험보았고 성적은 모두 조粗를 받아(純粗) 12획을 얻었음을 알 수 있다. 앞의 성적과 합하여 98획 13분의 성적을 거두었는데 처음 스스로 계산할 때에는 강서가 모두 통의 성적을 거두었다고 보았으나 모두 조로 처리된 것에 대해 이것은 그가 세력이 없어서인 것으로 무척 서운하게 여겼던 것을 알 수 있다. 이를 통해 당시 무과에서 강서에 비해 무예 관련 성적의 비중이 매우 컸지만 강서도 4종이나 시험 보고 그 범위도 병서와 역사서, 법전 등 매우 광범위하여 상당한 부담을 주었음을 짐작할 수 있다.

시험을 마무리한 다음 날인 25일 모화관에 무과 합격자 방이 붙었는데, 노상추는 위에서 12번째에 붙었다. 이 순간에 대해 그는 '이날 아침에 모화관에 방이 내걸렸는데 내 이름이 12번째에 있었다. 오랫동안 억눌러 왔던 울분이 펴지니 스스로 기쁘다. 할아버지 죽월공竹月公이 돌아가신 뒤로 25년 만에 내가 과거 시험의 명예를 얻었으니 또한 천행이다. 하지만 부모님이 모두 돌아가셨으니 어떻게 경사가 되겠는가? 슬피 울면서 탄식하고 서러워한다'는 매우 감격적인 소감을 일기에 남겼다. 아마 합격한 순간 그가 마음속에서 언제나 우상이었던 죽월공의 모습과 함께 돌아가신 부모님의 모습을 떠올렸음을 알 수 있다. 다음 단계로 전시가 남아 있었지만 합격은 결정되었고 다만 전시에서는 순위만 정하므로 곧바로 그는 고향에 합격 소식을 전하게 된다.

전시는 빈궁의 가례 때문에 곧바로 치루어지지 못하고 다음 달인 3월 16일 춘당대에서 이틀간 시행되었다. 과거 합격자 발표인 창방唱榜 또는 방방放榜 며칠이 지난 21일에 있었다. 무과 시행 이후 며칠이 지나 합격자가 발표된 것은 창방 준비에 시간이 필요해서였다. 합격자 발표의 절차인 방방의放榜儀에 대해서는 『국조오례의國朝五禮儀』「가례」의 「문무과방방의」에 나오는데, 이에 의하면 예조에서 행사 이틀 전에 관련 아문에 통고하며, 하루 전부터 발표 당일까지 합격자 발표 의식을 치르기 위해 각종 의장儀仗과 여기에 참여하는 사람들의 자리를 마련하였다.[41] 창방 때의 모습은 매우 화려하고 웅장하였는데 노상추일기의 다음의 언급은 이러한 면모를 잘 보여 준다.

이날 새벽에 성문이 열리기를 기다려서 대궐에 나아가서 창덕궁의 돈화문敦化門 밖에 이르렀다. 궐문이 열리자 훈련원 봉사가 인도하여 궐 안에 들어갔다. 진선문進善門을 거쳐 인정문仁政門 밖에 방목의 순서대로 나란히 섰다. 백관이 인정전 뜰에 순서대로 서고, 금군 7백명이 백관의 좌우에 진을 쳤다. 기타 액정掖庭과 궁례宮隷들은 이루 헤아릴 수 없이 많았다. 또 두 그루의 꽃나무를 만들어서 전정殿庭 아래쪽 뜰의 좌우 화준花罇에 꽂아 두었다. 순서대로 부르면 문과 합격자와 무과 합격자들이 들어갔는데, 각각 동문과 서문을 거쳐서 문과 합격자가 나아가 서고 무과 합격자가 나아가서 섰다. 서반西班이 서기를 마치자 인의引儀가 '흥興', '배拜'를 외치면 사배례四拜禮를 거행하였다. 자리에 나아가니 각각 선온宣醞 1잔 및 황대구黃大口 한 조각을 내렸다. 이어서 홍패紅牌를 나누어 주고 각각 복두幞頭에 계수나무 꽃가지 두 개를 꽂아 주었다. 이어서 일어나서 사배를 하였다. [임금께서] 물러나라고 명하여 문을 나오니 날이 벌써 사시[오전 9-11시]가 되었다. 이날 서명응徐命膺이 요청하여 봉조하奉朝賀에 대한 사은을 하였다. 병조서리 임덕겸林德謙이 단골丹骨을 자청하여 유가遊街 명함을 써서 들이고, 이조의 단골리丹骨吏 박朴이 궐내로 와서 알현하였다. 오후에 병조 판서에게 가서 인사드렸는데 곧 미동美洞의 채제공蔡濟恭 대감이다. 교리 이유경李儒慶을 방문하고, 수교水橋의 참판 채홍리蔡弘履, 창동倉洞의 참판 홍수보洪秀輔, 어영대장 이주국李柱國에게 인사드린 뒤에 날이 저물어 숙소로 돌아왔다.

- 『노상추일기』, 「경자일기」 3월 21일

위의 인용을 통해 합격자들은 창덕궁으로 입장한 이후 문무과의 합격자들이 전정 앞에 서서 사배례를 하였다. 이어서 간략히 음식을 먹은 이후 홍패를 받고 어사화를 꽂은 이후 병조 판서, 어영 대장 등을 찾아뵙는 절차였음을 알 수 있다. 열흘이 지난 4월 1일에는 그의 합격을 축하하는 대대적인 잔치가 고향에서 벌어졌다.

군영 군인의 사례

임진왜란 중인 1593년 10월 창설된 새로운 체제의 군영인 훈련도감은 이전의 병농일치의 원리 대신 급료병체제로 운영

되었다. 훈련도감 군병은 한양에 상주하는 상비군의 성격을 지녔으므로, 가족들까지 모두 한양에 올라와 거주하였다. 훈련도감 군병은 60세까지 근무하는 것이 원칙이었기 때문에 훈련도감에서는 노약한 군병을 빨리 제대시키고 젊고 건장한 신병을 모집하여야 하는 문제도 해결하여야 했다. 이 문제를 해결하기 위해 도입된 것이 훈련도감 군병의 승호제陞戶制였다.[42] 승호제란 3년(式年)마다 각 지방에 일정 수의 승호군을 할당하여 훈련도감 군병을 충원하는 제도로서, 1606년(선조 39) 처음 시행되었다. 시행 초기에는 지방 출신 200명을 3년마다 훈련도감 군병으로 충원하였다. 그 이후 1638년(인조 16)에는 경기와 개성부 216명, 충청 141명, 강원 78명, 황해 275명 등 총 710명이 충원되었고, 1656년(효종 7)에는 전라도에서 새로 104명의 승호군을 선발하였다. 1658년(효종 9)에는 북벌정책의 추진으로 훈련도감 승호군의 정원을 700명으로 증액하였다. 그 후 1662년(현종 3)에는 지방에서 승호군 200명과 한양에서 220명의 군병을 모집해 모두 420명을 충원하는 것으로 변하였다. 한양의 220명은 대부분 훈련도감 군병의 자식으로 충원하는 것으로, 이를 대년군待年軍 제도라고 했다.

각 지방에서 훈련도감 군병을 차출하는 승호제의 정원은 시기에 따라 약간의 변동은 있었지만, 훈련도감이 해체될 때까지

존속하였다. 승호군은 3년마다 충원되는 것이 원칙이었지만, 3년마다 충원되는 승호군으로는 부족한 군인을 채울 수 없을 때가 많았기 때문에 식년이 아닌 해에도 승호군을 충원하기도 했다. 식년이 아닌 해에 뽑는 승호를 별승호別陞戶라고 불렀다. 17세기 중반 북벌정책을 강력하게 추진하여 군사력 강화에 노력하였던 효종은 훈련도감을 보다 더 강한 군영으로 발전시키기 위해 자주 별승호를 실시하였다. 그러나 효종이 승하하고 현종이 즉위하면서 북벌정책이 후퇴했고 별승호는 자주 시행되지 않았다.

훈련도감과 달리 17세기 전반과 후반에 각각 창설된 어영청과 금위영의 군사들은 창설 초기에는 모두 번상병이었다. 그러나 이들 군영 군병들도 고용하는 이른바 고립제雇立制의 확산으로 점차 상비군화되어 갔다. 18세기 이후 기병인 기사騎士 등 특수 병종의 번상이 축소되면서 상비군으로 전환되는 경향이 심화되어 갔다. 이에 이들 군영의 군사들을 한양 도시민 가운데에서 모집하여 용병제적 상비군으로 구성하였다. 18세기 한양 인구 중 한양에 상주하는 군인들의 숫자는 훈련도감 5,000여 명, 어영청 1,500명, 금위영 2,000명 등 대략 1만 명 내외에 달하였다. 이러한 시대적 상황하에서 17세기 지방에서 상경하여 군영의 군병이 된 이후 한성에 정착하여 계속 군인으로 복무하면서 익힌 무예를 바탕으로 각종 도시나 중일 등의 시험에서 우수한 성적을 거두어 무과 전시에 직부되거나 각종 무과에 응시하여 급제하는 경우가 적지 않게 나타났다.

　한성부에는 훈련도감의 군병들 중 지방에서 올라온 승호군은 집을 마련하는 데 큰 어려움을 겪기도 하였지만, 각 군영의 군사들은 다양한 훈련을 통해 무예 등 군사적인 능력을 키울 수 있었다. 『속대전』에 의하면 어영청, 훈련도감, 금위영 등의 도성에 주둔하는 세 군영의 군사들은 한양의 교외郊外에서 매월 세 차례 진법을 익히도록 법적으로 규정하였다. 습조에는 습진과 사습으로 구분된다. 습진은 각종 전투 대형을 짓는 진법 연습으로 대규모 공동 훈련이었다. 습진은 본래 2월, 3월, 4월, 8월, 9월, 10월의 6개월 동안 9일, 19일, 29일 세 차례 실시했다. 혹서기인 5-7월, 혹한기인 11월과 12월, 1월은 습진을 하지 않았다. 사습은 각 부部의 아래 단위 편성인 '사司'(500명 내외), '초哨'(약 120명) 단위로 쪼개어서 하는 훈련이다. 즉 습진을 실시하기 전에 군사 개개인이 기예를 숙달하기 위해 실시하는 훈련이었다. 훈련 일수는 숙종 대에는 한 달에 6일 정도로 습진의 두 배였으나, 이후 점차 감소하여 19세기 초에는 3일로 줄었다. 사습에서는 활쏘기, 기사騎射, 조총, 검 등을 훈련했으며, 단위 부대별 진법도 함께 훈련하였다. 이러한 훈련을 통해 군영의 군사들은 자신의 무예를 숙달할 수 있는 기회를 가질 수 있었고 이는 다른 집단에 비해 무과 준비에 매우 유리한 환경이었다.

무과 방목을 분석한 최근 연구에 따르면[43] 무과 급제자의 전력 중 한량과 군사직軍士職을 가진 경우가 34.1%, 33.4%를 차지하여 관료군(24.1%), 기타 직역(8.5%) 등 다른 직군에 비해 압도적으로 높은 것을 알 수 있다. 군사직의 경우에는 17세기 전반에 53.7%로 절반 이상을 차지하다가 17세기 후반, 18세기 전반에 다소 저조하였으나 18세기 후반 43.5%에 달하고 19세기 전반에는 65.1%까지 증가하였다. 특히 한성의 군영에 무과 급제자가 집중되는 양상을 보이는데, 금군, 훈련도감과 어영청, 금위영의 권무 군관, 장교, 기사, 별기군 등이 대표적이다. 훈련도감의 별기군은 마군, 보군, 대년군 중에서 나이가 어리고 건장한 사람을 뽑아서 교관을 정하여 단병 무예 18기를 익히게 하여 선발한 군사였다.[44] 즉 군영의 군사 훈련이 무과 급제에 필요한 무예를 익히는 데 크게 도움이 될 뿐만 아니라 별기군과 같이 집중적으로 무예를 익히도록 하는 병종도 있었음을 알 수 있다. 지방의 경우에도 친기위, 별무사 등의 무과 급제가 매우 높았다. 즉 중앙과 지방의 군사들의 경우 일상적인 무예 훈련을 통해 무과 준비에 유리하였고 아울러 각종 도시 및 중일 등을 통해 전시 직부의 혜택도 누리게 되어 무과 급제자가 많아졌다.

최근 고문서 등을 통해 한성에 이주하여 무반으로 성장한 한 집안의 사례가 확인되고 있다. 18세기 초 경상도 영산현에서 한성으로 이주하여 이후 무반 가문으로 성장한 성주이씨 사례가 그것이다.[45] 17세기 말 영산현 부곡면 신포리에 살던 유학 이지건李枝建은 1693년에서 1702년(숙종 28) 사이 한성으로 이주하여 연화방蓮花坊에 거주하였다. 1702년 38세였던 그의 직역은 별파진別破陣의 포겸사복砲兼司僕이었다. 별파진은 1655년 어영청에서 화포를 다루기 위한 특수 병종으로 창설되었다. 금위영도 숙종 13년(1687)에 절목節目을 마련하고 별파진을 창설하여 183명의 별파진을 모집하였다. 별파진은 번을 나누어 1년에 1달씩 근무하며 화기 조작법을 연마했다.[46] 번을 드는 대가로 어영청과 금위영 별파진 모두 1달에 포 6필을 받는 등 경제적인 우대를 받았다(『승정원일기』 1015책, 영조 23년 4월 26일). 어영청과 금위영뿐만 아니라 수어청에서도 별파진을 신설했으며, 인조 대에 인원 부족을 호소하던 군기시 역시 별파진을 증액하였다. 숙종 대 중반 별파진이 증액하고 그중 일을 잘 아는 자를 가려 겸사복의 직임을 내렸다. 이 과정에서 자연스럽게 이지건은 별파진에 자원하여 포겸사복이 되면서 한성으로 이주한 것으로 보인다.

　　이지건이 거주한 연화방은 오늘날 종로4가와 원남동, 봉익동, 인의동 일대이다. 이곳은 본래 궁궐을 지키는 금군들의 집이 집중적으로 있는 지역으로 효종 대에는 승호 포수들을 창경궁 동쪽의 연화방 지역에 나누어 배치하는 등 한성 거주 군병들의 집단 거주지 성격을 가졌다. 이지건이 이곳에 거주한 것도 포겸사복의 직임을 띠었기 때문에 가능하였을 것이다. 포겸사복으로서 이지건은 군영의 훈련에서 조총을 다루며 군영의 급료로 생활하게 된다. 훈련도감 등에 속한 포수가 양인인 경우, 세 발 적중을 한 번만 했다면 1년 동안 겸사복의 급료를 주고, 세 발 적중을 두 번 했다면 그 자신에 한하여 계속하여 급료를 주며, 연이어 세 차례 적중하거나 세 번 관중貫中한 자는 임금에게 아뢰어 전시에 곧바로 응시하는 자격을 주었다.[47] 그는 조총 사격에서 우수한 성적을 거두었던 것으로 보이는데 이는 한성에 거주한 지 3년이 지난 1705년의 준호구準戶口에 의하면 그는 솔비率婢 시월과 매득비買得婢 귀덕을 거느리게 되고 1708년 준호구에서 매득비가 더 늘어난 것을 통해 짐작할 수 있다. 이를 통해 향촌의 유학이었던 그는 한성의 무인으로 자연스럽게 직역이 전환되었고 이후 이 가계는 무관 가계로 정착하게 되는 모습을 보인다.

이지건은 세 아들을 두었는데, 장남 이억령李億齡은 아버지를 이어 군기시 별파진이 된 이후 겸사복, 충무위 부사과 등의 무관직을 역임하였다. 둘째 이억인李億獜은 별파진으로, 삼남 이억기李億起는 어영 대년군을 거쳐 용양위 부호군이 되었다. 이를 통해 이지건의 가계는 한성에 거주한 지 오래지 않아 상당한 위상의 무관 가계로 완전히 정착하였음을 알 수 있다. 이억령의 아들인 이우복李遇福은 9세에 대년군에 편성되었다. 앞서 보았듯이 대년군은 군영의 예비 자원으로 편성된 대기병으로서 병사들의 16세 미만의 아들이나 동생으로 편성되었다. 이억기나 이우복이 대년군으로 편성되었다는 것은 이 집안이 무인 가계로 안정적으로 계승되었음을 보여 준다.

대년군이었던 이우복은 훈련도감의 기병 병종인 훈국 마병을 거쳐 1759년 4월에 무과에 급제하였는데 당시 그의 나이 27세였다. 이우복은 무과 병과 제261인으로 급제하였음은 그의 홍패를 통해 확인할 수 있다. 즉 이지건이 한성에 정착한 이후 두 세대만에 처음으로 무과 급제자를 배출한 것이다. 이우복은 무과 급제 이후 1768년 어모장군으로 승진하고 충무위 부사과, 부사정, 사포서 별제, 군기시 주부, 중림도 찰방 등을 역임하며 명실공히 무반 가계를 만들어 갔다. 이우복에게는 두 아들이 있었는데 첫째 아들인 이희득李喜得은 1798년 장용영의 기병대인 선기대善騎隊 겸사복과 훈국마병을, 둘째 아들 이로득李老得은 1807년 훈국마병과 겸사복을 지냈다. 그러나 이우복의 아들 세대에는 아버지의 관직에 미치지는 못한 것으로 보아 성주이씨 집안은 19세기 전반 무관 가문으로서 성장은 다소 주춤거리는 양상을 보인다. 이는 19세기 초 장용영의 혁파와 중앙 군영의 규모 축소 등과 관련이 있는 것으로 보인다.

이로득의 아들인 이홍철李興喆은 1825년 한량으로 직역을 기록한 것으로 보아 무과 급제를 준비하고 있었으나 성공하지는 못하였다. 이홍철의 아들인 이지홍李枝紅은 1846년 23세 때 금위 기사의 직역을 가진 것으로 보아 금위영의 기병인 기사로서 근무하기 시작하였음을 알 수 있다. 이지홍은 1852년에는 훈국군, 즉 훈련도감 군병이 되었다. 그의 동생인 이지영李枝英은 1849년에 선략장군 행충무위 부사과를 거쳐 1852년에는 행충무위 부사정으로 임명되었다. 이지영이 받은 군직은 무과에 급제한 것이 아닌 금위영 군인들을 위무하기 위해 준 관직이었다. 이후 마의馬醫였던 이지영의 아들 이계근李啓根이 1876년 5월에 무과 병과 제509인으로 급제하여 다시 무관으로서 부흥하였다. 이계근은 1888년에는 가선대부 행 용양위 부호군이 되었다.

무반 가계로 성장하면서 이지건의 성주이씨 가계는 다른 무반 가계와 혼인 관계를 맺기 시작하였다. 이지건은 경주이씨 이홍립李興立의 사위가 되었는데, 이홍립은 정3품 어모장군이었다. 이지건의 장남 이억령은 진주강씨와 혼인하였는데, 그의 장인 강시창姜時昌은 정3품 절충장군 행용양위 부호군이었다. 3남인 이억기는 가선대부 행용양위 부호군 이정현李廷賢의 딸과 결혼하였다. 이억령의 아들 이우복은 밀양박씨와 결혼하였는데, 그의 장인은 종9품인 전력부위 박태중朴泰重이고 처조부는 절충장군 행용양위 부호군인 박세지朴世枝였다. 또한 이우복의 장자인 이희득은 밀양박씨, 해미조씨와 혼인하였는데, 첫 부인인 박씨는 한량 박창룡朴昌龍의 딸이며 선략장군 행훈련원 권지 봉사 박상홍의 손녀이고, 외조부는 군관 변귀휘邊貴輝였다. 두 번째 부인 조씨는 전력부위 겸사복 조필복趙弼福의 딸이자 겸사복 조태빈趙泰彬의 손녀이고 외조는 선략장군 행충무위 부사과인 길세좌吉世佐였다.

이우복의 손자 이홍철은 충익위 김제묵金濟默의 사위이면서 선략장군 행충무위 부사맹 김석창金錫昌의 손녀 사위이고, 가선대부 행용양위 부호군 백홍택白弘澤의 외손녀 사위이다. 이지홍은 전주이씨와 결혼하였는데, 처외조부는 선략장군 행용양위 장차중張次中이다. 이지홍의 아들 이계근은 수원최씨와 결혼하였는데 장인은 절충장군인 최인신崔仁信이고 처 조부는 어모장군 행충무위 부사과인 최광일崔光日이다.

한성부 거주 성주이씨 가문의 사례에서 보듯 무반 가계가 다른 무반 가계와 혼인 관계를 맺는 양상은 조선 후기의 매우 일반적인 것이었다. 조선 사회 양반들의 통혼 모습은 동등한 사회적 지위를 갖춘 계층 간에 매우 비타협적이면서도 폐쇄된 제한된 범주 내에서 이루어지는 경우가 대부분이었다. 이는 문반은 말할 것도 없지만, 무반들 또한 마찬가지였다. 지금까지 밝혀진 무반가문의 통혼 관행은 일정한 범위 안에서 중첩적이면서도 폐쇄적으로 이루어졌음을 알 수 있다.[48] 당시 양반 사회에서 행하여졌던 이러한 관행은 자신들의 가계뿐만 아니라 외가와 처가의 문지門地에 따라 그들 자신의 사회 경제적 지위가 달라질 수 있었기 때문에 더욱 집착하지 않을 수 없었던 것으로 보인다.

무반 가계가 무반 직역을 계승하는 양상은 한성에서만 존재한 것은 아니었다. 지방의 정치, 군사 중심지인 읍치邑治에서는 행정 및 군사적 업무를 담당하기 위해 지방의 행정적 업무를 향리鄕吏가 맡고 있었다면, 지방의 군사적 업무를 맡는 이들로 다양한 명칭의 군관軍官와 장교將校를 포함한 이른바 무임武任들이 존재했다. 무임 직역에는 군관, 장교와 함께 한량, 업무業武, 무학武學 등과 같이 무를 업으로 하며 실직이 부여되지 않은 이들도 포함되어 있었다. 읍치 지역에서 무임 직역을 일정하게 계승하려고 했던 가계들이 존재하였다. 이들 집단은 17세기 이후 향촌 사회에서 세력을 상실함에 따라 향임과 단절됨에 따라 자신의 세력을 유지하기 위한 방안으로 무과를 준비하여 급제하여 무인으로 전환하거나 무임으로 생활하기도 하였다.[49]

5
___

문인의
유장儒將으로의 자임과
문인의 무과 응시

조선 전기 유장의 대두

　15세기 중반 이전까지 여진과 왜구의 잦은 침입, 그리고 몽골의 위협이 계속되던 상황에서는 무예武藝가 뛰어난 전투 능력이 높은 무관이 요구되었다. 전공을 세운 무인은 임명 당시 비록 약간의 논란은 있었지만 최윤덕과 같이 우의정이 되는 경우도 있었다. 당시 무인들이 가장 어려워하였던 무과의 강경 시험에서는 시험 대상이 되는 경전을 한정하지 않고 점수(分畫)도 후하게 줌에 따라 군사와 관련된 일武事에 대한 이해가 모자라는 자가 많이 합격되는 폐단이 나타났다. 이에 양성지는 사서오경 중에서 한 종만 선택하고 무경칠서만을 강경의 대상으로 하는 무과 개선 방안을 제시하기도 하였다. 특히 양성지는 장수는 그 용맹으로만 취하는 것은 불가하고, 또한 약간의 무예를 아는 문인을 취하는 것도 불가하므로 문무를 겸비한 장수를 확보하는 방안을 강구하였다(『세종실록』 권127, 세종 32년 1월). 이러한 인식하에서 15세기 중반 이후 문무의 능력을 겸비한 무신의 확보를 위해 무과에서 강경의 비중을 확대하려는 노력과 함께 군사적 능력을 갖춘 유자儒者인 이른바 '유장儒將'을 확보하려는 노력도 나타났다.

무과 과목에서 강서 시험의 비중을 확대함으로써 학식을 갖춘 무인을 확보하고자 했던 노력은 15세기 전반 세종 대 이후 계속되었지만 15세기까지 무인의 무예 능력을 학식보다 중시하던 상황에서 무인들은 대체로 강서에서 좋은 성적을 받지 못하였고 이에 대해서는 국왕마저도 용인하는 경우도 있었다. 대표적인 사례로 만주에서 이주해 온 귀화인 최보로崔甫老의 기생첩의 아들인 최적崔適의 예를 들 수 있다. 최적은 무예는 뛰어났지만 배움이 적어 무과 시험 때 강서를 한다면 반드시 합격하기 어려운 상황이었다. 이에 세조는 병서를 가져다가 최적으로 하여금 이해할 만한 곳을 스스로 가려내게 하였다. 그러나 최적이 한 글자도 해석하지 못하자, 세조는 '교전交戰하다가 물러가는 자를 참한다는 것은 무슨 뜻인가'라고 물었다. 이에 최적은 '사

졸이 놀라고 의혹하는 것을 염려한 것입니다'라고 답했는데 세
조는 그가 이미 진법에 통하였다고 하며 그를 무과에 합격시킨
경우가 있었다(『성종실록』 권46, 성종 5년 8월). 비록 한 사례이지만
무과의 시행에도 불구하고 15세기 무인들의 지적 소양은 높지
않았음을 알 수 있다.

1477년에 저술된 서거정의 『태평한화골계전太平閑話滑稽傳』에
는 15세기 조선 무인의 양상을 보여 주는 다양한 사례가 나타나
있다. 예를 들어 15세기 중반 세종의 국상 중 있었던 무인 김렴
金廉의 다음 일화는 조선 초기 무인의 한 단면을 잘 보여 준다.

> 경오년(1450) 세종 국상 때 키가 2척밖에 안 되는 김렴
> 이 매일 아침저녁마다 빈소에 와서 예를 올렸다. 문지
> 기 군사가 김렴을 보고 무슨 괴물이 이리 자주 드나드
> 느냐고 하면서 출입을 막으려 했다. 김렴이 화를 내면
> 서 혼정신성昏定晨省을 하려는 것이니 막지 말라고 하
> 자, 군사가 혼정신성이 무엇인지 내놓아 보라며 실랑
> 이를 벌였다. 함께 있던 사람들은 무인들이 글공부를
> 하지 않아 무식하다는 말이 다 맞는다고 하면서 크게
> 웃었다.
>
> - 『태평한화골계전』, 「혼정신성」

이 일화는 유교의 기본적 예절인 혼정신성의 의미, 즉 밤에는 부모의 잠자리를 보아 드리고 이른 아침에는 부모의 밤새 안부를 묻는 것조차 모르는 무인에 대한 이야기이다. 또한 무사 3인이 무과 회시의 강경에서 엉터리 답변을 늘어놓는 다음의 사례는 당시 무인의 학문적 수준의 일단을 보여 준다.

> 무사 3명이 회시會試를 보러 갔다. 첫 번째 무사가 『대학大學』을 읽는데 '末말'을 '未미'로 잘못 읽었다. 그 이유를 물으니 자기 집 종의 이름에 '말' 자가 들어 있어서 바꿔 읽었다고 대답했다. 두 번째 무사 역시 대학을 읽는데 '修身수신'을 '守身수신'으로 잘못 이해하고 신체부위 중에서 양경陽莖이 제일 중요하니 양경을 잘 지키는 것이 곧 수신이라고 했다. 세 번째 무사에게는 『서경書經』에 있는 '강고康誥'의 뜻을 물었다. 그는 산속에서 고양이밥을 훔쳐 먹는 날카로운 부리를 가진 벌레라고 대답했다. 이에 시관과 주위 사람들이 폭소를 터트렸다.
> – 『태평한화골계전』, 「무부강경」

이 내용은 무과 회시의 강경 시험에서 3인의 무사들이 자신이 선택한 경전인 『대학』, 『서경』의 내용에 대해 엉뚱한 해석을 내놓아 시관 등이 어이없어 한다는 내용이다. 이처럼 무과를 응시하던 당시 무인들 다수가 기본적인 한자조차 읽을 줄 모르거나 아니면 기본적인 어휘의 뜻조차 제대로 모를 정도로 무식한 수준이었음을 보여 준다. 15세기 무인 중 일부는 글자를 조금 알거나 잘못 알고 율격에도 맞지 않는 엉터리 수준이었지만 주변에서는 장단과 율격이 맞지 않는 시의 수준마저도 인정할 수 있다고 보는 등 무인 전반의 수준은 높지 않았다. 다음의 한 무관에 대한 『태평한화골계전』의 이야기는 이를 잘 보여 준다.

> 한 무관이 자기는 문자를 좀 안다고 매번 자랑하였는데, 어떤 사람이 책을 꺼내 놓고 '爲위' 자를 짚으며 무슨 글자냐고 물으니 '馬마' 자라고 대답했다. 또 무식한 네 명의 무사가 기생과의 이별을 아쉬워하면서 시를 짓기로 했다. 그런데 마지막 무사가 끝내 결구를 채우지 못하고 둘째 구절을 반복하자고 했다. 비록 장단과 율격은 맞지 않지만, 나름대로 이별의 정의가 잘 드러난 시라고 할 만하다.
>
> ─『태평한화골계전』, 「무관」

물론 15세기 당시에도 일부 무인들은 자신의 부족한 학문적인 소양을 채우기 위해 노력하여 성과를 거둔 경우도 있었다. 설유偰斿 장군은 원나라 고창高昌, 즉 오늘날 중국 서북쪽 위구르 지역에서 고려 말에 귀화한 설장수偰長壽의 손자로, 1429년(세종 11) 무과에 장원으로 급제하여 병마사와 여러 지방관 등을 지냈는데 그에 대한 다음 일화는 이를 잘 보여 준다.

> 설유 장군은 어려서부터 무예를 수련하며 과거 준비를 게을리하지 않았다. 과거를 보러 갔더니 도성과 인재 등용, 오랑캐에 대한 대책을 짓는 문제가 출제되었다. 그런데 설유가 하루 종일 한 자도 쓰지 못하자, 어떤 호사가가 장난으로 글을 지어 그를 놀리려 하였는데 설유는 그 글을 베껴 답안으로 제출하니 시관이 한바탕 크게 웃었다. 훗날 설유는 더욱 정진하여 무과에 장원 급제하였다.
>
> - 『태평한화골계전』, 「설유」

무과를 위해 학문적 소양을 키운 설유의 사례는 15세기 무인에게 상당히 독특한 것이었다. 15세기 중반까지 무인들의 지식 수준이 상당히 낮은 상태였으므로 무인들의 실력 향상을 위한 무과 제도 및 훈련원 등을 통한 무학 교육의 개선과 함께 무

예 능력 및 병학 지식을 갖춘 유신인 유장을 확보하려는 노력
도 나타났다. 유장에 대한 소요는 15세기 말인 성종 후반기부
터 본격적으로 나타나기 시작하였다. 이는 당시 성리학이 조선
의 정치사상으로 정착하고 명나라가 요동 지역에 대한 장악력
을 확보하는 등 유동적이었던 동아시아 정세가 안정을 찾게 되
면서 대규모 군사력의 확보 및 운용의 필요성이 줄어들었던 시
대적 상황과도 관련이 있다. 대신 여진족의 산발적인 약탈은 계
속되던 상황이었다.

　이러한 상황에서 문신들은 이전과 달리 궁시를 익히는 것을
꺼릴 뿐 아니라 변방으로 부임하는 것마저도 꺼렸다(『성종실록』
권264, 성종 23년 4월). 조선 초기에는 많은 사족과 한량들이 무예
를 익히어 무과 등을 통해 진출하려고 하였다(『세종실록』 권3, 세종
1년 2월). 성종 19년(1488) 조선을 방문한 명나라 사신 동월董越은
조선의 양반은 문무를 겸한 관인으로 책 읽기만 하고 무예를 익
히지 않거나 행실이 선하지 않으면 나라 사람들이 모두 비난한
다고 하여 조선의 상무적인 풍습을 전하고 있다(『조선부』). 그러
나 15세기 말부터 조선의 문을 우대하는(右文) 정책과 성리학의
보급 등으로 인해 문을 숭상하고 무를 천시하는 의식이 나타나
기 시작하면서 강건하고 도전적이었던 조선의 분위기와는 상
당히 달라지고 있었다.[50] 심지어 15세기 후반부터 진관체제에

따라 민정과 군사행정이 통합되면서 문반 수령의 비율이 높아지고 심지어 군사 요충지에도 문반 수령을 파견하는 사례가 대폭 증가하였다. 또한 부사, 첨절제사의 파견 지역까지 문반 수령이 파견되는 사례가 증가하였다. 이는 군역제의 문란으로 군정이 복잡해지면서 군사제도를 유지하고 군정을 경영하는 데에 군사적 재능보다 행정적 능력이 요구되었기 때문이다.[51]

이러한 문제를 해결하기 위해 젊은 장수 중에서 학문적 소양이 뛰어난 엘리트 무관을 선정하고 양성해 두었다가 유사시 이들로 수령을 교체하는 방법을 강구하였다. 아울러 성종 대부터 문신에 대한 활쏘기 측정인 시사試射를 통해 문신들이 궁시를 항상 익히도록 하고, 16세기 중종 대부터는 문신으로서 활 잘 쏘는 자에게는 선전관의 직을 겸직하도록 하였다. 이는 선전관을 겸직한 문신으로 유장儒將을 삼아 비상시에 대비하고자 한 것이다(『중종실록』 권7, 중종 4년 1월). 아울러 유장으로 추천된 자를 적극적으로 활용하기 위해 문관으로 변지邊地에 교대하도록 할 뿐만 아니라 각 절도사節度使도 유장으로 차임하도록 하였다(『중종실록』 권20, 중종 9년 3월). 이외에도 양남의 평사評事 등 군사와 관련된 여러 직임에 대해 유장으로 차임하는 등의 노력을 기울였다. 문신에 대한 시사의 강화와 함께 유장을 확보하고 이들을 적극적으로 활용하고자 하는 노력이 있었음에도 불구하고

16세기 전반 유장으로 인정된 경우는 거의 없는 실정이었다(『중종실록』 권41, 중종 15년 12월). 유장을 확보하기 위해 중종 후반기에는 의정부와 병조에서 논의하여 유장으로 이사균李思鈞, 김인손金麟孫, 최세절崔世節과 엘리트 무장에 조윤손曹閏孫, 우맹선禹孟善, 황침黃琛, 장언량張彦良 등을 선발하였다. 아울러 향후 무신으로 국가에서 키울 사람으로 김철수金鐵壽, 김수연金秀淵, 조윤무曹允武, 지세방池世芳, 이사증李思曾, 조안국趙安國, 허연許碾 등을 선발하기도 하였다(『중종실록』 권79, 중종 30년 2월).

유장과 같이 군사적 능력을 가진 문신을 선정하여 엘리트 무장을 육성하려는 움직임은 학식이 풍부한 무신을 확보하기 어려웠던 상황에서 유사시에 대비하려는 노력의 일환이었다. 그러나 유장의 확보 노력은 변방의 지방관 및 주요 군사 지휘관의 자리를 문신이 차지함에 따라 무신의 위상이 낮아지는 문제를 일으키게 된다.[52] 군사적 식견을 가진 유신인 유장을 확보하려는 노력과 함께 15세기 후반의 정치사회적 변화에 따라 성리학적인 학식이 요구되는 상황에서 무인들도 점차 학문에 정진하는 면모를 갖는 경우가 적지 않게 나타났다. 대표적인 인물로는 무인 박영朴英을 들 수 있다.

박영의 본관은 밀양, 호는 송당松堂으로, 어릴 때부터 무예가 뛰어나 담 너머 물건을 쏘아도 반드시 맞히므로 아버지가 기이하게 여겨 이름을 영英이라 하였다. 1487년(성종 18) 이세필李世弼 막하에 있을 때 종사관從事官으로 명나라에 다녀왔으며, 1491년 원수元帥 이극균李克均을 따라 건주위建州衛 정벌에 참여하였다. 이듬해 개선하여 겸사복兼司僕이 되고, 9월에는 무과에 급제한 뒤 국왕을 시위하는 선전관이 되었다. 무과에 급제하고 무반 청 요직인 선전관이 되었지만 박영은 항상 자신이 무인으로서 유 식한 군자가 되지 못한 것을 한탄하였다. 이에 1494년 국왕 성 종이 서거하자 가솔들과 함께 고향으로 가서 낙동강가에 집을 짓고 송당松堂이라는 편액을 걸고, 정붕鄭鵬, 박경朴耕 등을 사우 師友로 삼아 『대학』 등의 유교 경전을 배워 격물치지格物致知에 대 해 힘써 깨닫는 이치가 많았다고 한다. 박영의 문하에는 문무를 겸전한 이항李恒(1499-1576)이 있었는데, 그는 젊어서 무예를 익 혔으며, 특히 궁마弓馬에 뛰어났다. 이항은 28세 때 백부 이자견 李自堅의 가르침을 받고 도봉산에 들어가 학문에 전념하고 이어 박영의 문하에 들어갔다.

16세기에는 무인들도 무재武才뿐만 아니라 병서를 강독하 고 유교경전을 익혀야 한다는 사회적인 분위기하에서 무인들 이 학문을 익혀 훌륭한 관원으로 인정받았을 뿐만 아니라 이항 의 경우에는 큰 유학자인 대유大儒로 인정받기도 하였다. 이러 한 상황에서 16세기 중반 이후에는 무인의 이상적인 모습인 문무를 겸비한 관인의 양상을 띠는 인물들이 적지 않게 나타났다. 이러한 양상을 반영하는 대표적인 무인으로는 변협邊協(1528-1590), 신립, 정충신 등을 들 수 있다. 변협은 1548년(명종 3) 무과에 3등으로 급제하여 선전관宣傳官에 임명되었다. 1554년(명종 9) 해남현감海南縣監으로 부임하였는데, 이듬해 을묘왜변乙卯倭變 일어나 왜구들이 전라도 해안을 석권하며 해남을 침입하자 그는 방어 대책을 수립하고, 여러 차례 왜적을 요격하여 크게 이겼다. 그는 천성이 온화하고 기품은 높았으며, 활을 잘 쏘고 말을 잘 타서 무재武才가 뛰어났다. 평상시에는 근실하여 장자長者의 선비 기풍을 가졌으나, 싸움에 임할 적에는 영채英采가 사람을 압도하여 늠름한 기상을 누구도 감히 범할 수가 없었다. 경사經史를 두루 섭렵하였는데, 그 개략을 터득하여 병법에 활용하고 작전을 지휘하였다. 특히 그는 파주목사坡州牧使로 재직할 때 이이李珥로부터 『주역계몽周易啓蒙』을 강론받았으며, 천문·지리·산수에도 정통하였다고 한다.

임진왜란 초기인 1592년 4월 말 탄금대 전투에서 전사한 신립申砬도 22세 때인 1567년(선조 즉위) 식년 무과에 병과로 급제하였는데, 무과에 급제한 이후 선전관과 비변사의 낭관郎官 등을 겸임하였다. 여러 관직을 거친 이후 외관직인 진주판관이 되었을 때 진주목사 양응정梁應鼎이 신립에게 충고하기를, "그대는 큰 그릇인데, 학문學問을 하지 않으면 안 된다"라고 말하며 책을 들고 나와서 사제師弟의 예를 행하고 글을 가르쳤다. 그 이후 신립은 학문을 열심히 닦아서 문무를 겸전한 양장良將이 되었다. 이와 같은 문무 겸비형 무인상은 조선 중기 들어서 점차 자리 잡게 된 이상적인 무인상인 것이었다. 이러한 상황에서 일어난 1583년 2월 발발한 북방 여진 니탕개의 난과 임진왜란은 많은 수의 우수한 무신을 확보해야 할 필요성을 높이게 된다.

16세기 후반 이후 문인의 무과 응시 확대

16세기 후반에 들어서면서 문과를 준비하던 문인들이 무과에 응시하는 경우가 확대되기 시작하였다. 이는 당시의 유동적인 국제정세와 관련이 있다. 16세기 후반 북로남왜北虜南倭의 동아시아 정세의 전개 속에서 조선 북방 여진족의 동향이 심상치 않았다. 1580년대 초 두만강 하류 지역에서 니탕개의 난이 일어나 6진 지역이 공격을 받았고 압록강 중류 이북 지역의 누르하치의 건주여진도 주변의 여진 부족을 병합하면서 국가의 면모를 띠기 시작하였다. 조선은 이에 대응하기 위한 군사와 무장을 확보하기 위해 대규모 무과를 시행하였다. 특히 16세기 말 임진왜란 기간 동안 무과의 횟수가 늘고 다수의 급제자를 배출하면서 문과를 지망하던 유자儒者들도 무과를 응시하여 출세하는 경우가 적지 않게 나타났다.

16세기 후반 여진의 침입과 임진왜란을 거치며 문인으로 문과를 준비하다가 뜻을 이루지 못하자 무과에 응시하여 무관직으로 나아가는 경우는 적지 않았다. 예를 들어 임진왜란 중 전사한 경기방어사 원호元豪(1533-1592)는 문과를 준비하였으나 뜻을 이루지 못하자 34세 때인 1567년 무과에 급제하였다.[53] 부산진첨사 정발鄭撥(1553-1592)도 어린 시절 사서오경에 통달하였으나 모부인이 연로하므로 생전에 급제하기 위해 24세 때인 1577년 무과에 급제하여 선전관에 선임되었다.[54] 첨지중추부사를 거친 강덕룡姜德龍(1560-1627)[55]과 삭주부사 박희성朴希聖(1550-?)도 최초에는 문인 출신이었으나 1583년 계미년 무과에 급제하여 무반으로서 성장하였다.[56] 이 1583년 무과는 니탕개의 난에 대처하기 위해 이이가 병조 판서로 있으면서 무사 600명을 뽑은 것으로 이후 해마다 수백 명을 뽑게 되어 이전부터 내려온 무과 규칙이 유명무실해졌다.[57] 이른바 만과萬科의 시초였다.

임진왜란 중에도 다수의 문인이 무과에 응시하였는데, 예를 들어 16세기 말-17세기 초 활동한 저명한 무관이었던 유형柳珩(1566-1615)은 어려서 무예만 일삼았다가 성년이 되어서는 어머

니의 권고에 따라 생산과 경술經術에 힘썼다고 한다. 그 결과 그는 가난에서 벗어났을 뿐만 아니라, '신실한 독행篤行의 선비'로 탈바꿈할 수 있었다. 그러나 임진왜란이 일어나자 김천일金千鎰의 휘하에서 의병으로 활동하며 1594년 무과에 장원 급제하였다. 이후 경상우수사, 삼도수군통제사 등을 주요 무관직을 역임하였다. 이윤서李胤緒(1574-1624)는 입신하겠다는 뜻을 품고 독서하여 과거를 준비하였으나 임진왜란을 맞아 널리 무과가 시행되자 그는 곧바로 학업을 그만두고 활을 연습하여 유형과 동일하게 1594년 무과에 급제하였다.[58] 정묘호란 때 부원수 겸 평안병사로서 안주성을 지키다 전사한 남이흥南以興(1576-1627)은 나주목사였던 부친이 노량해전에서 전사하자 글 공부를 버리고 부친의 원수를 갚겠다고 결심하고 말타기와 궁술을 익혀 27세인 1602년 무과에 급제하였다.[59] 이러한 양상은 병자호란 이후에도 적지 않았는데 17세기 후반 경상좌병사를 지낸 유덕삼柳德三(1632-1701)은 어려서부터 독서를 좋아하여 문예가 일찍 이루어졌으나 과거에 급제하지 못하자 29세에 붓을 던지고 활쏘기와 말타기를 익혀 남행, 즉 음서로 선전관에 천망(南行宣薦)되고, 33세 때인 1665년에 무과에 급제하였다. 유독삼은 무관으로 관직에 있었지만 평소 『맹자』와 한유, 두보의 시 읽기를 좋아하고 항상 고요하고 조용하며 언어가 진실하는 등 보편적인 학인學人

의 면모를 띠었다.[60]

물론 16세기 말, 17세기 초인 임진왜란 및 광해군 대 시행된 잦은 만과로 인해 하층민이 다수 급제하거나 아니면 뇌물 등의 부정한 방법으로 급제한 경우도 적지 않아 무과 급제자에 대한 인식은 17세기 전반 부정적으로 나타나기도 하였다. 실제 인조반정 이후 영남 지방에서는 양반으로서 무과에 발을 들여놓으면 모임에서 배척을 받기도 하였다. 예를 들어 중부 참봉 양위南渭(1574-1633)은 훈련원 첨정인 양인용의 아들로 무예를 익히다가 양인용의 만류로 10년 동안 독서를 하여 1610년 사마시에 급제하여 성균관 유생이 되었다.[61] 즉 임진왜란의 영향으로 이후 많은 문인이 무과에 응시하기도 하였지만 사회 저변의 일부에서는 아직 무인의 위상이 문인에 비해 높지 않은 경우도 적지 않았음을 반영한다. 16세기 말 '하늘 천天 자만 알아도 귀인으로 대접받고 활과 화살을 잡으면 모두 천시한다'(『선조실록』 권45, 선조 26년 윤11월)는 언급이 있을 정도였다.

무인에 비해 문신을 우대하던 양상은 일상생활의 여러 측면에서 무인의 사회적 위상이 낮은 모습으로 나타나기도 하였다. 일상 속에서 무인을 천시했던 생활관습으로는 여러 가지가 있었는데 예를 들어 무인은 자신을 '소인'이라 낮추어 부르던 관습, 군복을 입고 권세가의 마을 출입을 삼가던 관습 등이 그것이다.[62] 실제 정약용은 '우리나라 습속에 무인을 천시하는데 무과에 합격하고도 벼슬하지 못하는 자를 더욱 천히 여긴다. 가문의 선대에 흠이 하나만 있어도 그 자손은 삼사三司에 통하지 못하니, 그 때문에 자손에게 경계하여 무예를 익히지 못하게 하는 것이다'고 언급하여 문신에 비해 무인에 대한 천시가 있었고 특히 벼슬하지 못하는 무과 급제자에 대해 더 천대한다고 언급하였다. 16세기 말부터 문인으로 문과를 준비하다가 무과에 급제한 경우가 늘어나고 이후 이들의 자손이 여러 대에 걸쳐 무과에 급제하고 아울러 무반 가문과 통혼하면서 무반의 지위는 이전에 비해 상당히 높아지게 된다. 또한 사회적인 습속에서도 이전과 달리 무인들이 문인에 대해 자신을 낮추지 않게 되었다.

예를 들어 17세기 후반의 무인인 장붕익張鵬翼(1674-1735)은 젊어서는 문한文翰이었는데 모친이 술지게미를 먹는 것을 보고 충격을 받아 붓을 던지고 무과에 응시하여 훈련대장, 한성판윤, 형조 판서 등에 오른 인물이었다. 그와 관련된 다음의 일화는 17세기 후반 이후 무인과 문인과의 논쟁에서 무인들이 문인에 비해 결코 자신을 낮추지 않는 사례이다.

> 멀지 않은 곳에, 비바람도 가릴 수 없는 두어 칸짜리 조
> 그만 집이 있었다. 장붕익이 즉시 새로 급제한 사람을

부르니, 한 선비가 기꺼워하지 않으며 말하기를, "무장이 어찌 나를 부르시오? 나는 나갈 수가 없소" 하였다. 장붕익이 그 말을 듣고 말하기를 "나도 사마시에 급제한 사람이오. 생원 진사가 생원 진사를 부르는데 안 될 게 없지 않소? 빨리 나와 보시오" 하였다. 이에 그 선비는 어쩔 수 없어서 나왔다. 몇 차례 밀고 당기다가 함께 그 선비 집으로 들어가 묵었다.

― 『국역 기문총화』(김동욱 옮김, 아세아문화사, 2008)

위의 사례는 비록 장붕익이 문과 초시인 사마시司馬試에 합격한 경험이 있는 무관이었다는 점도 있지만 이전과 달리 문인 출신에서 무과를 통해 무관으로 변화한 사례가 적지 않았던 17세기 이후의 시대 상황 변화에 따른 것이라고 할 수 있다. 더 나아가 18세기 중반 어영 대장 등 거친 고위 무관인 이창운李昌運(1713-1791)이 어영대장(종2품)으로 있을 당시 문과 출신인 종사관 김재찬金載瓚이 그의 부름에 따르지 않자 군중에 명을 내려 김재찬을 베겠다고 명하여 그의 복종을 이끌어 낸 사례 등에서 볼 수 있듯이 무인의 위상이 이전과는 매우 달라졌음을 알 수 있다.[63]

17세기 중반 이후 무신의 위상이 높아진 것은 무신의 문학적·학문적 소양이 높아진 것과도 관련이 있다. 무과로 벼슬에 나아갔고 자손들도 무과를 통해 입신한 경우가 많았지만 17세기 이후 무인들은 스스로 문인, 학사學士와 같은 풍모를 가지려 노력하는 경우가 적지 않았다.⁶⁴ 18세기 중반 무인이었던 권필칭權必稱은 생원시에 응시하다가 무武로 진로를 바꾸어 1750년(영조 26)에 식년 무과에 급제하였다. 그는 서반 청요직인 선전관을 거쳐 장기현감, 해남현감, 충주영장, 삭주부사, 평안도방어사 등을 지냈으며, 1783년에 경상좌도 수군절도사에 올랐다. 무관으로서 학문에 힘을 쏟아 장수의 소양을 가진 유신을 일컫는 '유장儒將'으로 불렸고, 당시 유명 유학자인 송명흠宋明欽과 김원행金元行의 문인록에도 오르는 등 학문적인 소양을 갖추기 위해 노력하였다.

권무청의 설립과 사족에 대한 권무

앞서 보았듯이 임진왜란 중 자주 설행된 무과를 통해 많은 무인 급제자가 배출되었다. 그러나 전쟁 중 무과에서는 전쟁에 필요한 무인을 선발하는 데 급급하여 강서는 하지 않고 다만 화살 하나를 맞혀서 합격시키는 경우도 나타나 한량, 사족 이외에 서얼, 공·사천, 백정 등 하위 신분 출신도 적지 않았다. 따라서 급제자는 많았지만 장수가 될 만한 인재는 모자라는 문제가 나타났다.[65] 장수가 될 만한 인재를 선발하기 위한 정책이 절실히 요구되었다. 이를 위해 우선 15세기 후반 이후 장수의 소양을 가진 유신, 즉 유장을 확보하기 위해 유장을 추천하는 이른바 유장천儒將薦이 다시 널리 시행되었고, 임진왜란 종전 직후인 선조 33년(1600) 11월에도 비변사가 유공신柳拱辰 등 16인을 추천하였다(『선조실록』 권131, 선조 33년 11월).

17세기 초 광해군 대 들어서면서 후금의 팽창에 따른 대외적인 위기가 고조되자 1617년, 1618년 연이어 두 차례 비변사에서 이민환李民寏, 남이웅南以雄 등을 유장으로 추천하였다(『광해군일기』[정초본] 권131, 광해 10년 8월; 『광해군일기』[정초본] 권131 광해 9년 7월). 유장으로 추천된 자는 명단인 단자를 관리하다가 길주목사 등 변경의 주요 고을 수령으로 보내거나 도원수의 종사관 등으로 활용하였다. 인조 대에도 병자호란 직후인 1637년 여름 비변사에서 한 차례 4명을 유장으로 추천하기도 하였다(『인조실록』 권35, 인조 15년 6월). 그러나 17세기 전반 무인에 비해 문신을 선호하던 분위기에서 무예와 병학 등의 능력을 가진 유장을 확보하기에는 어려움이 적지 않았다(『인조실록』 권49, 인조 26년 10월). 따라서 문무를 겸비한 우수한 무신을 국가 차원에서 체계적으로 양성할 필요성이 있었다. 인조 대 권무청勸武廳의 창설과 사족에 대해 무인이 되기를 권장하는 이른바 권무勸武 정책은 이러한 요구의 반영이었다.

권무청이 인조 대 어느 시기에 창설되었는지에 대해서는 알려 주는 정확한 자료는 없다. 다만 황해도 병마절도사를 지낸 조유趙猷(1613-1665)에 대한 다음 자료는 이와 관련하여 주목된다.

> 인조께서는 오랑캐와 원수가 된 여러 사람에게 명령하여 무예를 배우게 하니, 공은 마침내 붓을 던지고 복수할 뜻을 품고서 활쏘기와 말타기를 익혀 무예를 단련하였으며, 병서兵書와 역사책을 읽어 합변合變하는 방법을 연구하였다.
>
> - 『도곡집』권15, 「병마절도사조공묘갈명」

이 언급에서 알 수 있듯이 병자호란 시기 강도江都가 함락될 당시 많은 사족과 관원들이 순절한 이후 인조는 그 유족인 사족의 후예에게 무예를 익히도록 하여 복수를 기약하도록 하였다. 병자호란 이전까지 사족으로서 무예를 익혀 무과를 준비하는 것에 대해 적지 않은 거부감이 있었는데 병자호란으로 많은 순

절자가 나오게 되면서 원수를 갚아 치욕을 씻는다는 복수설치
復讐雪恥의 차원에서 무과에 대한 유족들의 관심이 높아지게 된
것이다. 이를 활용하여 우수한 사족 출신 무신을 양성하고자 한
것이 바로 권무청의 창설 동기였다. 인조가 신경진申景禛과 이서
李曙 등에게 명하여 사족들에게 무예를 권장하게 한 결과 상당
히 많은 인재를 얻었다고 한 기록을 보면 권무청의 규모와 성과
는 적지 않았던 것으로 보인다(『현종실록』 권5, 현종 3년 7월). 강화도
에서 부친 조정익趙廷翼이 순절하는 것을 목격한 조유도 문과 준
비 대신 복수할 뜻을 품고 무예를 익히고 병서와 사서를 읽으며
무과 준비를 하여 1644년(인조 22)에 무과에 급제하였다.

　권무청은 효종 대를 거쳐 현종 대에 다시 설치되었다. 인조
대 권무청을 통해 사족 자제들 중 병자호란 순절자의 자제를 대
상으로 무인으로 양성하였다. 그러나 효종 대 이후 여러 차례
치폐를 거듭한 것을 보면 권무청을 통한 사족에 대한 이른바 권
무 정책은 초기에는 문신의 반발 등으로 인해 그다지 성과를 거
두지 못한 것으로 볼 수 있다. 인조 대 유명무실해졌던 권무청
은 북벌을 준비하던 효종 대 들어 다시 강화되기 시작하였다.
효종은 무재를 가진 사족을 장려하고 권면하기 위하여 훈련도
감과 어영청의 두 대장으로 하여금 활을 잘 쏘는 사족을 뽑아
두 군영에 소속시키고 이를 권무청이라 칭하도록 하였다. 권무

청에 소속된 자들에게는 시재詩才에서 우등을 차지하면 무과의 전시에 바로 응시할 수 있는 혜택을 주었는데 이는 당시 다른 지역 무사들의 부러움을 살 정도의 특혜였다(『현종개수실록』 권8, 현종 4년 4월). 효종 대에 정비되었던 권무청은 현종 대에 들어 다시 설치되었다. 1662년(현종 3)에 원두표元斗杓, 이완李浣의 주장으로 복설되었으나 얼마 지나지 않아 응모하는 사람이 점차 줄어드는 형편이 되었다(『현종개수실록』 권12, 현종 5년 12월). 현종 대 초반 잠시 활성화된 권무청은 폐지된 듯하다.

1669년(현종 10) 1월에 유혁연柳赫然이 다시 권무청 취재를 시행할 것을 제기한 것을 계기로 논의를 계속하다가 결국 권무청을 다시 본격 가동하는 것으로 결정하였다. 그 결과 이듬해에 처음으로 어영청에 권무군관勸武軍官이 등장하고 이들을 대상으로 한 시재가 활발히 시행되었다. 숙종 대 초에 권무청이 다시 폐지되자 무과 급제자 중에서 사족 자제로서 쓸 만한 자가 매우 적어졌다. 심지어 무신 중에서 활 쏘기나 조총 사격 능력이 떨어지는 경우도 있었다. 이에 숙종은 조정의 여러 신하 중 자제가 여럿인 자에게 명하여 무예를 익히도록 권유하기도 하였다(『임하필기』 권10, 「전모」; 『숙종실록』 권15, 숙종 10년 12월). 그 일환으로 권무청이 1690년(숙종 16)에 복설되어 사족들에게 무예 훈련을 권장하는 통로가 되었다(『숙종실록』 권22, 숙종 16년 1월). 이에 사족 자제에 대한 권무는 권무청에 소속시킬 인재 추천이라는 명목을 띠고 매우 적극적인 양상으로 바뀌었다.

즉 사족 자제에 대한 무인으로의 권장 정책인 권무는 권무청과 밀접히 연계되면서 실시되었다. 어영청에 설치되었던 권무군관은 금위영에는 1706년(숙종 32), 훈련도감에는 1717년(숙종 43)에 설치되어 한양의 주요 세 군영에 각각 50명씩 배치되었다.[66] 적극적인 권무 정책에 힘입어 18세기 들어서는 사족 자제에 대해 특별한 사람을 지정하여 회유나 강압적인 방법을 동원하여 유업儒業에서 무업武業으로 진로를 변경시키는 양상까지 나타났다. 그리고 정책적으로 남행南行 선전관이나 부장部將 등 무반 청요직에 이른 나이에 발탁하여 진로를 보장해 주었다. 조선 후기 무반 가문 형성과 이름난 사족 출신 무인의 육성에서 권무청의 존재는 매우 중요한 의미가 있다.

17세기 중반 이후
문인의 무인 전환과 무인의 병학 능력 향상

17세기 전반인 인조 대 창설된 권무청을 통한 사족 출신 무인 양성과 우대 정책은 17세기 중반 이후 우수한 능력을 가진 사족 출신 무인을 확보하는 데 적지 않은 기여를 한 것으로 보인다. 다수의 사족 가문 출신이 무인으로 전환되고 이어 무반 가문으로 변화되는 계기를 마련하기도 하였다. 앞서 언급한 조유의 사례를 보면 그의 후손 중 문과에 급제한 자는 조정趙侹뿐이고 무과에 급제한 자는 18명에 이른다는 조유의 묘갈명은 문신 가문이 무반 벌열 가문으로 전환되고 있던 당시 양상의 일단을 잘 보여 준다.[67] 이러한 양상은 중앙에 그치지 않고 성리학적인 질서가 강하였던 영호남 지역에서도 17세기 중반에 들어서면서 지역 양반 중 일부가 무과로 전환되는 모습을 통해 짐작할 수 있다.

17세기 중반 이후 붕당 간의 정치적 갈등의 격화에 따른 정치적 급변인 이른바 환국換局의 잦은 발생으로 정치적으로 타격을 받은 영남 남인들은 중앙과의 연결고리가 약화되면서 문과 급제자 및 관직 진출자가 급감하게 된다. 이에 더하여 영호남 지역에서는 기존 양반들의 지역 내 주도권 중 일부가 새로이 등장하는 서얼, 양인 출신 등에 의해 도전을 받아 향임과 단절되는 양상마저도 나타났다. 이러한 상황을 타개하기 위한 노력 중 하나가 지역 양반들의 무과 응시를 통한 관직으로의 접근이었다.

이러한 사례 중의 하나가 18세기 전반 전라도 고창에서 출

생하여 무과에 급제한 이후 경상좌도 수군절도사를 지낸 강
응환姜膺煥(1735-1795)을 들 수 있다.[68] 강응환 가문은 대대로 중
앙 정계에서 활약한 유력 문반 집안으로 서울에서 대대로 거
주하던 문벌이었다. 그러나 강응환의 증조부인 강민저姜敏著가
1694년 갑술환국으로 인해 이듬해 전라도 진도로 유배되고 이
후 향리인 무장茂長에서 독서에만 몰두하며 여생을 보내면서 그
의 가문은 이후 전라도 지역의 사림으로 존재하게 된다. 그의
조부와 부친은 지역 사림 사이에서는 명망이 있었으나 중앙과
의 연결이 끊어지고 문과에 급제하지 못하면서 당대의 명문 세
가로서 위상과 존재감은 점차 사라지게 되었다.

  강응환이 어릴 적부터 글을 읽어 한편으로는 선비로서의 교
양을 쌓고 또 한편으로는 과거를 통해 입사를 준비하는 것은 자
연스러운 코스였다. 그러나 9살 되던 때 모친상을 당하면서 가
세가 점차 기울어지기 시작하였다. 부친도 병환으로 인해 오랫
동안 누워 있다가 강응환이 31세 되던 해인 1765년에 사망하
면서 그는 이제 가사를 돌보면서 학문을 닦고 과거를 준비하여
야 하는 어려운 상황에 놓이게 되었다. 그의 부친은 생전에 그
가 문과에 나갈 것을 기대하였으나 기개가 높았던 강응환은 무
인으로서의 길을 선택하고 싶어 하였다. 그러나 가문의 전통을
손상시킬까 염려하는 부친의 분부로 인해 한동안 학문에 종사

하였으나 결국 자신의 뜻을 밝히고 부친의 승낙을 얻었다. 부친은 '인군께 충성하고자 하는 마당에 문과 무의 차이가 있을 수 없다'고 하며 결국 허락하였다. 이후 10여 년 동안 준비하여 36세가 되던 1770년(영조 46) 12월 무과에 급제하였다. 1774년 처음 관직에 진출한 이후 약 20년 동안 내외 관직을 지냈다. 강응환의 무과 급제와 관직 진출 사례를 통해 17세기 후반 정치적인 이유로 낙향한 호남 지역 문반 가문에서도 무반으로의 전환 양상이 나타나고 있음을 알 수 있다.

　17세기 중반 이후 문인 출신 무반의 등장은 무인들의 군사적 식견이 상당히 높아지는 모습을 통해 엿볼 수 있다. 이는 18세기 이후 개인 무관들에 의해 저술되는 각종 병서를 통해 그 양상을 알 수 있다. 이 시기 대표적인 무인이 저술한 병서로 이정집이 쓰고 1806년 그의 아들 이적李迪이 주해한 『무신수지武臣須知』, 19세기 초 양완의 『악기도설握奇圖說』, 1778년 송규빈宋奎斌의 『풍천유향風泉遺響』 등이 그것이다. 최근 소개된 자료 중 하나로 19세기 중반의 『소성진중일지邵城陣中日誌』를 통해 그 양상을 짐작할 수 있다. 이 일지의 많은 부분은 필자인 구연상具然相과 손님이 인천도호부사 구완식具完植에게 병학 관련 질문을 하면 이에 답한 내용이 차지하고 있다. 구연상과 구완식은 조선의 유력 무반벌열 가문인 능성구씨 집안으로 이 일지의 관련 내용으로는 삼재三才의 이치, 삼재 변응變應의 이치, 삼재의 수용隨用, 「만기론萬機論」에 보이는 장수의 구별, 용병지도用兵之道, 선승후구전先勝後求戰, 승패勝敗, 임세任勢, 용간用間, 오기五機 등에 대한 것이었다. 흥미로운 점은 구완식이 답변한 내용의 대부분은 1867년경 편찬된 것으로 중국과 우리의 여러 병서 가운데 긴요한 내용을 간추려 놓은 책인 『융서촬요戎書撮要』의 해당 부분과 중복된다. 「만기론」의 내용을 제외하고는 『융서촬요』 권1의 해당 항목의 내용과 상당 부분이 중복되고 있다. 『융서촬요』의 권1은 택장擇將·임장任將·장직將職·용인用人·삼재수용三才隨用·삼재응변三才應變·선모先謀·선승先勝·승패勝敗·임세任勢 등 34항목으로 되어 있는데 '일지'의 언급과 동일하거나 유사하다. 이것은 구완식이 『융서촬요』의 저술 과정 등에 깊숙이 관여하였거나 아니면 이 책의 영향을 강하게 받았을 가능성을 보여준다.

아울러 『소성진중일지』의 5월 23일 내용에는 진영에 온 손님이 병학의 이론 및 신미양요 당시 방어문제에 대한 다양한 질문을 하였을 때 구완식은 다양한 병서와 고전을 바탕으로 자신의 의견을 개진하고 있다. 이때 인용되거나 검토되는 고전과 인물로는 『회남자』, 『장자』, 태공망, 『손자』, 『이위공문대』, 『장자』, 『예기』, 『주역』 등이 있다. 이외에 『서애집』에 보이는 율곡의 10만양병론과 송상현 관련 일화 등도 언급하고 있다. 이러한 높은 수준의 병학 이해는 구완식이 벌열무반 가문의 일족으로 홍직필洪直弼과 이항로李恒老 문하에서 성리학을 배워 학식이 매우 높았던 점과 관련이 있다. 이는 17세기 중반 이후 조선 무인들의 문학적, 학문적 소양이 높아진 것과도 깊은 관련이 있다. 아울러 병학과 관련된 다양한 내용 중 핵심적인 부분을 모아 하나의 체재로 정리하거나 기존의 중국 고전 병서를 조선의 방식으로 해석하고자 하는 노력(예를 들어 『손자수 孫子髓』 편찬)이 18세기 후반 이후 나타났다.[69]

17세기 중반 이후 문인 출신의 무인으로의 전환은 조선 무인의 특징적 모습이 일반적인 이해되는 것과 달리 문무를 겸비한 이른바 문무겸전의 모습으로 이해되는 계기를 마련한 것으로 보인다.

조선 후기 무과의
폐단과 개선안

조선 후기 무과의 폐단

　16세기 말-17세기 전반에 걸쳐 조선은 임진왜란과 두 차례의 호란, 그리고 이괄의 난으로 인해 40여년 동안 도성인 한성이 4차례나 함락되는 초유의 경험을 하게 되었다. 이를 계기로 군사력과 국력의 중요성을 인식한 조선의 관인들과 식자들은 무에 대해 이전보다 진전된 인식을 가지게 된다. 특히 실학자로 불리는 조선 후기 일군의 지식인들은 대부분 문무에 대해 이전보다 균형적인 인식을 가지고 있었고 자연스럽게 당시 무과 제도 등 군사제도에 대한 개선안을 제시한 경우가 많았다. 조선은 일본, 그리고 청(후금)과의 대규모 전쟁을 치렀고 그 전쟁을 준비하는 과정에서 필요한 무인을 빠르게 확보하기 위해 대규모 무과인 만과를 자주 시행했다. 뿐만 아니라 국왕의 특별한 명령이 있을 때 시행하던 비정기 무과 시험의 한 가지인 관무재觀武才와 정시도 수시로 시행했는데 조선 후기로 갈수록 무과 급제자가 크게 증가하면서 많은 폐단이 나타나기 시작했다.[70]

만과로 인한 폐단에 대해 최명길崔鳴吉은 군병이 날로 줄어들고, 벼슬을 여러 사람에게 주지 못하여 그 원망이 조정으로 돌아오고, 관직이 경솔하게 여겨져 사람들이 본분을 지키지 못한다고 하였다. 노론의 영수 송시열宋時烈은 2만 명에 가까운 출신들이 한성에 모두 모여 있으면서 등용되기를 바라므로 도성의 쌀값이 급등하고, 지방에는 농사지을 사람이 부족한 상황마저도 나타났다고 언급하였다. 따라서 이들을 일단 고향으로 내려 보내고 수령으로 하여금 그들의 무예를 시험하여 뛰어난 자를 병사兵使, 즉 병영으로 집합시켜 시험하여 그중에서 우수한 자를 병조로 올리도록 하였다. 병조에서 이들을 모아 시험하여 석차대로 관직에 임명하도록 하였다.

18세기 말 실학자인 정약용은 조선 후기 무과의 폐단에 대해서 다섯가지 폐단을 정리한 이른바 「오난설五亂說」에 포괄적으로 정리하였다. 정약용에 따르면 무과의 타락을 가져오게 한 5가지 폐단은 첫째 격축擊逐, 둘째 공로空老, 셋째 징포徵布, 넷째

만과萬科, 다섯째 무액無額이었다.[71] 첫째 격축은 서울의 권세 있는 자제들이 지방 출신자들의 무과 응시를 방해하거나 차단함으로써 자신들이 응시를 독점한다는 것이다. 당시 격축의 구체적 양상은 다음과 같다.

> 옛날에는 식년·증광에 출신한 자는 전조銓曹에서 다른 과거 출신보다 먼저 수용했으며, 시장에서 많은 점수를 얻는 데는 전적으로 철전과 목전(항간에서는 세전細箭이라 함)을 멀리 쏘는 데 있으므로 점수를 많이 얻지 못하면 끝내 과거에 오를 수 없다. 서북도의 억세고 굳센 무사武士와 양남의 기이한 재주를 가진 사람들은 매양 그 도道의 철전과 목전 시험에 벌써 높은 점수를 따 놓았으므로, 서울 장수집 자제로서 비단옷에 뼈대가 연약한 무리로는 도저히 대적할 방법이 없다. 그러므로 무뢰배를 널리 모집해서 쳐서(擊) 쫓아내는(逐) 방법을 자행한다. 먼 지방의 잘 쏘는 사람이 회시에 응시하러 오면 혹 어두운 골목에서 기다리고 혹은 술집에서 싸움을 일으켜 모두 육냥대전六兩大箭으로 녹로관轆轤關(갈빗대)을 부러뜨린다. 이들은 이미 많은 패거리이고 저는 본래 외톨이니 어떻게 대적하겠는가? 유혈이 낭자하고

곱사등이가 되어 종신토록 다시 응시할 수 없게 된다. 혹 그 그물에서 빠져나온 자가 높은 점수에 들게 되면 그 이름을 미리 시관試官에게 알린다. 무릇 많은 점수를 딴, 먼 지방 사람이 강서講書하는 자리에 들어오면 7명의 시관은 눈짓을 서로 주고받으며 털끝만한 흠이라도 찾아서 반드시 낙방을 시킨다. 혹 구두에 어긋남이 없고 문의에 통한 자라도 7명의 시관은 서로 의논하여 여섯은 '통通'으로 하고, 하나는 '불不'로 하여 기어코 낙방시킨다.

－『경세유표』권15, 하관수제, 「무과」

즉 격축은 지방에서 올라온 유능한 무과 응시자들에 대해 한성의 권세 있는 집안의 자제들이 무뢰배 등을 동원하여 이들의 응시 자체를 봉쇄하는 것이다. 이것은 지방의 유력한 무과 응시자들을 몰아냄으로써 한성의 무반 가문 자제들이 급제를 독점하려는 의도에서 나타난 것이다. 격축의 결과 능력있는 지방의 무과 응시자들이 끊어지게 되었다.

둘째 공로는 무관 임용과정에서 서울과 지방 출신자 간의 차별이 심한 것에서 비롯된 폐해다. 공로는 정시 무과인 식년시에 급제하였다고 할지라도 급제자가 지방 출신인 경우에는 번

번히 벼슬길이 막히는 데 반해 권세 있는 집안 출신들은 아무리 만과 출신이라도 곧바로 임용될 뿐만 아니라 급제 후 10년 안에 병사나 수사로 임용된다는 것이다. 아래 정약용의 언급은 이를 잘 보여 준다.

세력 있는 집은 비록 만과 출신이라도 아침에 벼슬에 제수되었다가 저녁이면 높은 자리로 옮겨진다. 남으로 부符를 맡고 북北으로 절節을 잡아서 10년 안에 드디어 번곤藩閫(감사·병사·수사水使의 총칭)으로 나간다. 먼 지방 의 사람은 비록 식년 출신이지만 왼쪽으로 걸리고 오 른쪽으로 막혀서, 말라 빠진 목과 누런 얼굴로 10대 세 업世業을 여점旅店에서 파산한다. 나라 풍속이 무武를 천 하게 여기는데, 무과에 급제하고도 벼슬 못한 자를 더 구나 천하게 여겨 세계世系에 한 번이라도 이런 누累가 있으면 그 자손은 삼사의 벼슬을 할 수 없다. 이리하여 자손에게 무를 익히지 못하게 훈계한다.

－『경세유표』권15, 하관수제, 「무과」

공로는 격축과 함께 중앙과 지방 간의 차별이 매우 심했음 을 보여준다. 이는 한성과 지방의 연결이 끊어지는 이른바 경향京鄉 분리 현상의 하나로 18세기 후반 이후 조선사회가 개방성과 다양성이 떨어지고 지방에서 불만이 나타나 홍경래 난 등 지방의 대규모 반란이 일어나게 되는 원인이 되었다.

셋째, 징포라는 것은 무과 출신의 아들, 사위, 아우, 조카를 모두 군적에 올리고 이들을 "유청有廳 군관"이라 부르면서 해마다 베 한 필(돈으로는 두 냥)을 징수하는 폐단을 말한다. 병조에서 장적帳籍을 조사해서 어린아이 한 명이라도 혹 숨기거나 누락되는 자가 없게 하고 만에 하나 숨기거나 빠진 자가 있으면 군리軍吏가 찾아가 악착같이 뜯어낸다. 그러므로 과거를 한번 잘못 보았다가 3족이 해를 당하는 폐단이 발생하게 된다. 즉 무과 급제자와 가족에게 가혹하게 군포를 징수하는데, 본래 군역이 있던 자는 거듭 내게 되고, 군역이 없던 자는 새로 군포를 내야 하는 부담을 주는 폐단이다.

넷째, 만과는 많은 무과 급제자를 허술한 규정으로 선발하는 폐단을 말하는 것으로 조선 후기 무과 폐단의 대표적인 것이었다. 다음의 정약용의 언급은 이러한 폐단을 잘 보여 준다.

나라에 경사가 있으면 과거를 설시해서 기쁨을 나누는 것이니 한 화살이라도 맞힌 자는 다 출신을 허가하여, 혹 1천 명이 되기도 하고 혹은 수천 명에 이르기도

하는데 이것이 소위 만과이다. 과거 명칭이 이미 천하
게 되었으니 백성도 대우하지 않는다. 전조銓曹에서도
이렇다는 것으로써 버려 두고 녹용錄用하지 않는다. 그
러나 화살을 하나라도 맞히는 것으로 문득 과거에 합
격한다면 잘 쏘는 자와 잘 쏘지 못하는 자가 같은 등급
이 되어 잘하고 못함에 분간이 없고 어질고 어리석음
에 구별이 없으니 백성들이 어찌 힘쓰겠는가? 비록 무
예를 익히지 않더라도 혹 이 과거에 합격할 수 있게 되
므로 자손을 훈계해서 드디어 무예를 익히지 못하게
한다.

– 『경세유표』 권15, 하관수제, 「무과」

    당시 만과의 경우 급제자가 1만 명이 넘는 경우도 있었는데
다음의 숙종 2년 무과에서 합격한 정시룡鄭時龍의 홍패를 통해
합격자가 1만 명이 넘었다는 사실을 여실히 볼 수 있다. 이 무
과 홍패의 주인공 정시룡은 숙종 2년(1676)의 무과에 응시하여
병과 10,305인의 성적으로 급제하였는데, 이때 선발된 인원은
자그마치 18,251명이나 되었다. 병진만과丙辰萬科로 불리는 이
시험은 조선조에서 가장 많은 급제자를 배출한 과거였다.
    다섯째, 무액은 무과 시험의 응시자 인원에 제한이 없어 대

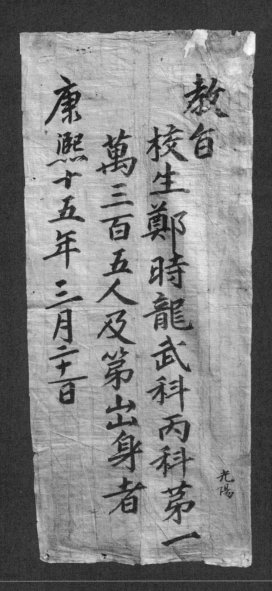

그림 5 「정시룡 홍패」, 전북대학교박물관 제공

리 시험이 만연하는 폐단을 말한다. 무액의 폐단에 대해 정약용은 다음과 같이 언급하고 있다.

> 문과와 무과를 막론하고 응시하는 데에 일정한 정원이 있어야 하는데, 우리나라 과거에는 정원이 없기 때문에 온갖 폐단이 겹쳐서 생겨나 드디어 크게 어지럽기에 이르렀다. 무과에 응시하는 자를 만약 본현本縣에서 시사試射하고 시방試放해서 능히 구矩에 맞힌 자를 응시하도록 한다면, 대신해서 쏘는 자는 없어질 것이다. 지금에 한 방榜에 열 사람이라면 열 사람이 모두 대신 쏜 자이고, 한 방에 백 사람이라면 백 사람이 모두 대신 쏜 자이다. 돈만 있으면 결습決拾도 모르는 소년이 과거에 오르고, 돈 없는 자는 기예가 양유기養由基와 유궁후예由窮后羿와 같아도 불쌍하게 늙어가므로 온 나라 사람은 눈을 부릅뜨며 주먹을 움켜쥐고 오직 돈만을 꾀하게 되었는데 다시 활을 잡는 자가 있겠는가? 자손을 훈계해서 무예를 익히지 못하게 한다.
>
> -『경세유표』권15, 하관수제, 「무과」

이상에서 살펴보았듯이 정약용은 당시 무과에서 오난의 폐단이 극심하므로 더 이상 무과에 응시하는 자가 없어질 것이라 주장하였다. 따라서 그는 오난의 폐단을 없애지 않는다면 수령들이 아무리 지방민들에게 무예를 권장하더라도 익히는 자가 없어 우수한 무관을 확보할 수 없을 것이라고 판단하였다.

실학자의 무과 개선안

정약용 외에도 실학자 중 무과 개선안에 대해 구체적인 정책을 제시한 인물은 적지 않다. 그중에서 대표적인 인물을 들자면 이익李瀷과 정상기鄭尙驥, 우정규禹禎圭, 유수항柳壽恒 등을 들 수 있다. 먼저 이익(1681-1763)은 문관과 무관의 차별적 대우의 근본적인 원인이 과거제도로부터 비롯되었음을 지적했다.[72] 그는 문과와 무과를 통틀어 발생한 넘치는 급제자에 대한 문제점을 인식하고 3년에 한 번 보는 식년시 대신에 5년에 한 번 과거를 치루는 이른바 오년대비제五年大比制를 시행하여 선발 인원을 줄일 것을 주장하였다. 또한 문과, 무과와 음직의 벼슬자리를 정확히 파악하여 선발 인원을 약정할 것을 주장하기도 하였다.

이익은 또한 이미 과거에 급제한 사람들을 대상으로 한 과천합일설科薦合一說을 주장함으로써 당면한 사회 문제를 해결하고자 하였다. 과천합일설이란 과거에 급제한 사람 중에 인재를 가려 뽑되 육조의 장, 양도의 유수留守, 팔도감사로 하여금 3년마다 몇 명씩 천거케 함으로써 공정한 심사를 통해 등용 인원을 선발하는 방법으로, 이미 잘 알려진 성호 이익의 대표적인 사회 개혁안이기도 하다. 이익은 과천합일설을 문과뿐만 아니라 무과에도 적용하고자 하였다. 이익은 이를 통하여 나라의 존망을 좌지우지하는 중요한 인재인 무관을 제대로 양성하고 나아가 사회의 병폐인 뇌물 수수와 당파싸움을 차단하고자 하였다. 아울러 서북지역의 지역적 차별대우도 극복하고자 하였다.

이익은 무관의 권한을 강화하고 문임文任에도 등용될 수 있도록 하기 위해 무과제도 자체에 대한 개선안을 제시하기도 하였다. 이익의 다음 언급은 대표적이다.

국조에서 발영시가 있었으니 다시 이 제도를 세워서 오로지 무경武經으로써 팔고체八股體의 제목을 삼되 시험을 치를 때 사장詞章의 기술로 하지 않고, 읽고 외우는 번거로움을 없애도록 하며, 붓으로 써서 대답하게 하여 우수한 자를 뽑음으로써 벼슬길에 막힘이 없게 한다면 저들도 장차 열심히 재주를 갈고 닦아 문사들과 동등한 재식을 갖출 것이다.

- 『성호사설』권7, 「무과」

성호는 조선 초기 시행되었던 발영시의 예대로 강경의 방식이 아닌 무경의 대목을 붓으로 적음으로써 책과 글쓰기에 능한 문사들과 같은 수준의 재주와 식견을 갖추도록 유도하였다. 아울러 이익은 무과의 과목에 대한 구체적 개혁 방안을 아래와 같이 제시하였다.

무과는 기사騎射와 무경武經의 두 과목으로 나눈다. 활 쏘기와 말타기는 잘해도 무경을 외우는 것을 원하지 않는 자도 허가하고, 무경은 통하나 기사 시험은 원하지 않는 자도 허가한다. 먼저 기사를 시험하고 다음 무경을 시험한다. 모두 앞에다 인도하여 서책을 번거롭게 강독하지 않고 그 권중의 대의 각각 두 문제씩을 묻는다. 응시하는 자는 역시 구두로 대답하도록 하며 능히 필답하는 자는 그대로 허가한다. 그 통부通否를 정해서 등제를 하는데, 또한 5년 만에 마친다. 그들 중 다만 기사에만 능한 자는 장교에 보임할 뿐이다.

- 『성호선생전집』권44, 「공거사의」

이익은 이처럼 무예와 무경에 각각 뛰어난 자 모두에게 기회를 줄 것을 주장하였다. 또한 강경의 방식과 필답의 방식을 모두 허가하여 문예의 자질을 갖춘 무관을 양성하고자 하였다. 이러한 과정을 5년에 걸쳐 마치고자 한 것은 앞서 언급한 선발 인원을 조정하기 위한 대책이었다. 이익이 무관에게 있어 문예의 재주를 강조한 것이 문치주의적 입장으로 오해될 소지가 있으나 이것은 어디까지나 당시 낮게 평가된 무관들의 자질을 향상하여 고위 문관직에도 무관이 겸임될 수 있도록 하여 무관의 지위 향상을 위한 조치라고 평가할 수 있다.

이익은 훌륭한 무관을 양성하기 위해 앞서 살펴본 바와 같이 무과를 개선하고 고위관직 임용의 기회를 제공하는 것 외에도 등용에 있어 양천을 구분하지 않고 그 실력과 재능을 우선시하고 공정한 포폄을 통한 인사 제도를 운영할 것을 제안하기도 하였다. 이익은 무신들의 지속적인 평가 제도를 통해 등급을 매기고, 장부에 기록하여 이를 근거로 임용, 승진시킴으로써 합리적인 인사 제도를 구현하고자 하였다. 또한 이러한 기록을 공개함으로써 공정성을 확보하고자 하였다. 이익의 무관에 대한 인사정책은 초과 배출된 무과 급제자들 중에서 옥석을 가려내 인재를 확보하고, 뇌물로 통하는 인사비리를 척결함으로써 사회의 동요를 막는 방안이기도 하였다.

18세기 중엽 이익과 비슷한 시기의 여러 실학자도 무과 개선에 대해 많은 의견을 제시하였다.[73] 먼저 정상기는 무과 급제자의 대량 배출에 따른 폐단을 지적하고 그 대책으로 이들을 수용할 관서의 신설을 제안하였다. 그는 당시 무과에는 군졸과 결탁하여 부드러운 활을 쏘며, 적중하지 않아도 깃발을 들고 쇠를 울리며, 무경武經을 강하면서 교묘하게 청탁하여 통通으로 되는 폐단을 언급하였다. 심지어 대신 활을 쏘고 대신 무경을 강하도록 하고 애초부터 시장에 들어오지도 않고서 과거에 급제한 자도 그 수를 알지 못한다고 당시의 무과 폐단을 지적하였다. 그는 다음과 같은 무과 개선안을 주장하였다.

> 무사들도 문사文士와 같이 시험하는데, 다만 나이가 많고 무예에 익숙한 자를 스승으로 삼아서 기사騎射, 보사步射, 칼, 창, 총포 등의 무기武技를 시험한다. 그리고 무경칠서를 강하는 것은 『육도』와 『위료자』를 제외하고 모두 제비를 뽑아서 돌아 앉아서 강한다. 『장감』, 『기효신서』, 『등단필구』, 『무비지』, 사서四書, 『좌전』, 『강목』, 『송사宋史』, 『명사』 등의 글을 모두 제비를 뽑아서 임강臨講한다. 문사와 무사가 강하는 것은 다만 글 뜻을 알고 있는가를 볼 뿐이고, 음독音讀은 상관하지 않는다.

문사와 무사로서 만약 강할 것이 없어서 강하는 것을
원하지 않는다면 또한 허가하여 단지 문무의 기예만
시험한다.

- 『농포문답』, 「정과규용천벽」

이처럼 정상기는 무과를 시행하는 데 있어서 기사 이외에
각종 화기, 검술, 창술 등 다양한 무예 기술을 시험할 것을 강조
하고 아울러 병서의 강독도 매우 중시하였다. 아울러 유교 경전
과 사서도 강서 과목에 포함하였다.

18세기 말 실학자인 우정규禹禎圭도 당시 무과의 운영 실태
와 그 폐단에 대해 당시 강독은 제쳐 두고 무기武技만 숭상할 뿐
만 아니라 무기조차 익히지 않고 행운에 의해 급제하는 풍토가
만연해 있다고 보았다. 우정규는 무과 운영 실태를 비판하면서
그 개선안을 다음과 같이 제시하였다.

무릇 사람의 지려智慮는 반드시 서적에 의뢰하는 것이
다. 그러므로 장양張良이 산대를 옮겨서 승리를 결정하
던 것도 황석공 병법에 연유한 것이다. 이로 볼 때 『육
도』중 문도文韜가 첫째이고 무도武韜가 다음이다. 그런
즉 사람을 뽑는 방법은 오로지 무기만을 숭상하는 것

은 마땅하지 않다. 식년 대과에 무기의 점수(分數)가 찬 자는 반드시 무경칠서로써 찌를 뽑아 강하도록 하고 글 뜻을 통할 있는 자를 선발한다. 이외에 별과는 실시 하지 말며 가볍게 은사하지도 말면 어찌 요행으로 차 지하는 자가 있겠는가?

– 『경제야언』,「무과방어사금군기사변통지책」

즉 무과의 시행은 지략을 먼저하고 무예를 다음으로 하는 방침으로 인재를 선발하되 비정기 무과 시험인 별시는 시행하지 말고 정규 무과인 식년시만을 시행하여 급제자 수를 적절히 하도록 하였다. 특히 앞서 보았던 정약용도 무과 제도 개선에 대해 매우 구체적인 방안을 제시하였다.[74] 정약용은 18세기 말 당시 "무과 별시가 한두 과목만 허술하게 시험하여서 모략謀略과 무예를 제대로 검증하지 않게 되어 '경신년 무과출신'이 요행으로 무과에 급제하였다"고 지적하였다. 그리고 무반 관원이 갖출 능력에 대하여 고민하지 않고, 단순히 활쏘기로만 급제자를 선발하는 당시 세태도 비판하였다. 이에 따라 중국의 삼대와 같이 문무겸전의 능력을 갖춘 무반 관원을 선발할 수 있도록 모략과 무예를 중심으로 18가지 고시 과목을 제안하였다. 정약용이 제시한 18가지 과목은 성경聖經, 유서儒書, 군사軍史, 동사東史,

철전, 목전, 편전, 관혁, 유엽전, 조총, 기사, 기창, 편추, 진법, 병법, 무비武備, 산학算學, 율학律學이었다. 무예 과목은 조선 초기의 격구를 제외하고 『대전통편』에 따라 당시의 무예 과목 9가지를 그대로 수용하였다. 모략 과목은 정약용이 따로 보강하거나 신설하였다. 기존의 강서과목에서 시험한 사서오경, 무경칠서, 『통감』, 『병요』, 『장감박의』, 『무경』, 『소학』, 『경국대전』을 성경, 유서, 군사, 병법, 율학의 다섯 과목으로 나누었다. 여기에 새로운 과목인 우리 역사(동사)와 진법, 무비, 산학을 추가한 것이 주목된다.

정약용의 무과 개선안은 기존의 무예 과목에 강서 과목을 대폭 추가한 것이었다. 강서 과목은 반드시 '무武'와 관련된 내용을 위주로 변형하여 시험하려 하였다. 이는 무과 응시자가 무예 실력을 갖추고 있는 것을 검증하는 데 그치지 않고, 전술·전략을 충분히 이해하여 실제로 국방 문제를 해결할 수 있는지 확인하려는 조치였다. 그는 무과 응시자의 선정과 급제자의 선발 및 관직 진출을 유기적으로 연결하여 '식년시'로 통합하였다. 관직의 수에 비례하여 급제자와 응시자의 수를 제한하여 유능한 지방 사족 내지 양인에게도 관직 진출과 고위 공직에 임용될 수 있는 최소한의 기회를 보장해 주려 하였다. 또한 덕행·지략·무예의 세 능력을 무반 관원의 소양으로 보고, 2단계의 천거와 5단계의 고시 전형을 거쳐 인재의 능력을 공정하게 검증하려 하였다. 신진 급제자에게는 곧바로 관직을 제수하고 관직에 진출한 이후에도 꾸준히 능력을 갈고 닦도록 하였다.

나오는 말

조선 무인을 어떻게 바라보아야 할까?

우리 역사 속의 무관과 무인은 언제나 문관과 문인들의 무시를 받거나 하대를 받는 존재, 또는 부수적인 모습으로 비치는 것이 일반적이다. 아니면 고려 중기 무신의 난에서와 같이 폭력적이고 다소 무모한 존재로 인식되는 경우가 대부분이다. 그러나 우리 역사의 주요 왕조 개창자는 왕건과 이성계와 같이 대외적인 위기 상황에서 많은 전공을 세운 무인 출신으로 이들과 신진 세력들은 문무의 가치를 차별하지 않았고 문신에게는 무인적 기질과 무예를, 무신에게는 유교 경전 중 문인적 소양을 갖출 것을 요구하였다. 즉 문무를 겸비한 인물을 이상적 인재로 보았고, 문무의 기능이 상호 균형을 이루고 각자의 역할을 하는 국가를 바람직한 것으로 이해하였다. 『경국대전』에 의하면 문신 당하관에게 시와 문장 등의 과제 이외에 매달 활쏘기 점수를 제출하도록 하고 지방관으로 부임할 경우에는 진관에 속한 그 군현의 군사 지휘관으로 역할을 하도록 한 것 등은 조선 사회가 문무 차별과 문약으로 설명할 수 없음을 보여 준다.

　문인으로 군사적 능력을 갖춘 유장을 적극 발굴하려는 노력과 함께 무인으로서 문인적인 소양을 갖추도록 하고 지방관으로서 필요한 행정적 역할을 할 것을 요구한 것 등을 보면 조선시대는 문인이나 무인들이 문무겸전적인 면모를 가지는 것을 이상적인 것으로 인식하였음을 알 수 있다. 물론 시대에 따라 문관이 무관에 비해 우위에 있는 양상을 보인 것은 사실이다. 예를 들어 16세기 들어서면서 대외정세의 안정에 따라 군사적 대비의 필요성이 적은 경우 군사력의 조정과 함께 무관을 고위직에 중용할 필요성이 적었던 상황과 관련을 가진다. 아울러 외교나 정치, 경제 등 고위 정책 결정과정에서 군사적인 측면과 함께 국가의 종합적인 측면을 고려하여야 하는 상황에서 학문적 소양이나 종합적 사고를 갖춘 문관들이 상대적으로 우위에 있는 것은 너무나 자연스러운 일이다. 그럼에도 불구하고 『경국대전』에 의하면 조선의 전체 관직 중에서 실직 무관직(3,826개)이 문관직(1,779개)에 비해 많은 비중을 차지하고 일부 변방의 수령직은 오직 무관 출신들만 임용하게 하는 등 당하관의 경우에는 무관 출신의 진출과 승진이 보다 용이하다는 것을 통해 무관들은 양반의 한 축을 형성하면서 양반으로서의 지위와 고위직으로의 진출을 누릴 수 있었다.

16세기 후반 이후 임진왜란과 병자호란 등 동아시아 격변기에 무과 제도를 국방에 필요한 무인을 확보하는 임시 방편으로 활용하면서 급제자 수를 대폭 늘리고 시행 횟수를 확대함에 따라 무과 급제자의 지위가 이전에 비해 급속히 낮아진 양상을 보이기도 하였다. 무과의 횟수와 급제 인원수를 급격히 늘려 전체적인 무관의 수준이 떨어진 것도 사실이지만 17세기 초 위급한 대내외적인 위기 상황에 대처하기 위해 사족士族 출신의 우수한 무관을 확보하기 위한 국가적인 노력이 나타나 다수의 우수 무관이 확보되었다. 또한 17세기 후반 이후 소수의 중앙 문관 벌열이 문관 고위직을 장악함에 따라 중앙과 지방의 양반 중 일부는 무과로 방향을 전환하여 무관직을 받아 양반의 지위를 유지하고 무반 가문 간의 통혼을 통해 무반 벌열을 형성하는 경우가 많이 나타났다. 이러한 경향은 18세기 조선적 절대왕권체제인 탕평체제하에서 강력한 군주권을 유지하고 18세기 중반까지 계속되던 청의 주변 지역 정벌에 따른 대외적 위기에 대응하기 위한 물리적 기반으로 한성의 중앙 군영을 정비하는 등 상비 군사력을 강화하는 과정에서 더 강화되었다. 영조와 정조 등 이른바 조선의 탕평 군주들은 중앙 군영을 정비하고 지방에 정예 병종을 창설하였을 뿐만 아니라 이들 군사들이 무과 이외에 다양한 시취를 통해 전시에 곧바로 응시할 수 있도록 하는 특혜를 주는 등 중앙과 지방의 무인들에 대한 우대 정책을 시행하였다. 이에 따라 조선 후기 무인의 존재 양상은 우리의 일반적인 이해와는 상당히 향상되었을 가능성을 보여 준다. 이러한 과정에서 그 이전까지 그다지 인물을 배출하지 못하였던 함경도와 평안도, 개성 등지에서 다수의 무과 급제자와 무관 관원으로 진출하는 사례가 많이 나타났다.

중앙과 지방의 문인 양반 중 무과를 통해 무관으로 진출하는 경향이 뚜렷하게 나타나면서 조선시대 이상적인 국가운영의 이념적 토대임에도 불구하고 한동안 구현되지 못하였던 이른바 문무겸전, 문무일체 등의 이념이 새로이 부각될 뿐만 아니라 심지어 18세기 실학자인 이익과 안정복 등은 무 우위의 문무 병용을 주장하는 경우도 적지 않았다. 이는 문인의 무인 전환 움직임과 함께 무인의 군사적 식견과 문인적 소양의 향상으로 인해 전반적인 무인의 실력이 향상되고 있는 모습을 엿볼 수 있다. 아울러 일반 문인들도 무인들의 학습서라고 할 수 있는 중국 고전 병서를 한당 고문의 하나로 인정할 뿐 아니라 조선 후기의 현실적인 사회경제적 어려움을 극복하는 경세론經世論의 주요 근거의 하나로서 활용하는 등 이전과는 다른 분위기를 엿볼 수 있다. 과도한 해석일 수 있지만 개성 출신의 실학자인 최한기가 그 지역의 저명 무반 가문 출신인 점 등을 고려한다면 조선 후기 실천적 학문인 실학實學의 등장을 무반의 실력 향상과 연관지어 고려할 필요도 있다.

즉 조선 후기 다수의 무과 급제자의 배출로 인한 무인에 대한 차별적 인식도 적지 않았지만 문반 가문 출신의 무과 지원과 고위 관직으로의 진출 등으로 인해 조선의 무인은 이전과 달리 문무를 겸비한 무인의 존재 양상이 전형적인 모습으로 인식되기에 이르렀다. 실천과 실용을 중시하는 무와 종합적 소양을 필요로 하는 문을 겸비한 이들 무인들 중 일부는 19세기 후반 대외 개방과 대한제국의 선포 등 격변하는 시대 상황 속에서 대외 협상과 선진 기술의 수입 등 새로운 질서의 모색에 나서기도 하였다. 아울러 20세기 전반 독립전쟁의 과정에서도 다수의 전직 군인층이 참여하기도 하였다. 해방 이후 역동적인 경제 발전의 이면에는 조선 후기 이후 이상적인 실천과 지식을 겸비한 문무 겸비의 지성인의 현장 참여와 도전도 한몫하였음을 기억할 필요가 있다. 군사주의적 전통에 바탕을 두었던 일본이 군인 우위의 정치문화를 만들어 결국 동아시아 침략과 패망으로 귀결된 것과 달리 조선 후기 문무겸비 무인의 전통이 남아 있던 우리나라가 비록 잠시 일본의 식민지로 전락하였지만 끝내 해방과 번영을 달성한 것은 단순히 특정 지도자나 계층, 외국 등으로 설명하기에는 부족하다. 칼 찬 선비의 모습으로 그려지는 문인의 존재와 함께 무인을 바라보는 우리의 태도도 단순히 문인과 대립되는 존재 또는 상하, 선후 관계 등으로 이해하기보다 시대의 흐름에 따라 변화하지만 기본적으로 '문무겸비의 실천적 지성을 추구했던 지성인'의 또다른 모습으로 그리는 것이 어떤가 감히 제안해 본다.

주석

1   도현철,「대책문을 통해 본 정몽주의 국방 대책과 문무겸용론」,『한국중세사연구』
     26, 한국중세사학회, 2009.

2   최영진,「조선시대 문/무에 대한 인식과 이론적 근거」,『유교사상문화연구』41, 한국
     유교학회, 2010.

3   김영수,『세종대의 정치와 사상』, 포럼, 2022, 161쪽.

4   최영진, 앞의 논문, 2010, 24쪽.

5   김홍백,「문-무에 대한 세 가지 담론」,『이화어문논집』50, 이화어문학회, 2020.

6   김홍백,「유몽인의 〈안변삼십이책〉 연구: 조선 중기 문학에서의 '정치(政治)'의 한 사
     례로서」,『민족문학사연구』48, 민족문학사학회, 2012.

7   김홍백, 앞의 논문, 2020, 99-102쪽.

8   洪良浩,『耳谿集』卷10,「海東名將傳序」.

9   정은란,「성호(星湖) 이익(李瀷)의 무(武)인식과 무인양성론(武人養成論)」,『조선시대사학
     보』65, 조선시대사학회, 2013, 212-213쪽.

10   허태구,『정조의 무치』, 휴머니스트, 2020.

11   오수창,『조선후기 평안도 사회발전 연구』, 일조각, 2002.

12   유진 Y. 박,『조선무인의 역사, 1600-1894』, 유현재 옮김, 푸른역사, 2018, 140-141쪽.

13   김선주,『조선의 변방과 반란, 1812년 홍경래 난』, 김범 옮김, 푸른역사, 2020, 304쪽.

14   권오영,『최한기의 학문과 사상 연구』, 집문당, 1998, 29-42쪽.

15   『고려사』권115,「열전 28·제신·이색」.

16   윤훈표,「조선초기 무과제도 연구」,『학림』9, 연세사학연구회, 1987, 15쪽.

17   육군군사연구소 엮음,『한국군사사』5, 경인문화사, 2012, 84-88쪽.

18   노영구,『한국의 전쟁과 과학기술문명』, 들녘, 2022, 79-87쪽.

19   조선 전기 무학 설치에 대해서는 이준구,「조선후기의 〈무학(武學)〉고(攷)」,『대구사
     학』23, 1983; 박종배,「조선시대 무학 별설론 연구」,『한국교육사학』36(4), 한국교육

사학회, 2014 참조.

『一善邑誌』「武學堂」. 조선 후기 각 고을의 무학 현황에 대해서는, 박종배, 「읍지(邑誌)에 나타난 조선후기의 무학(武學)」, 『교육사학연구』 26(2), 교육사학회, 2016 참조.

21 유진 Y. 박, 앞의 책, 124쪽.

22 이 시기 조선의 전술 논의에 대해서는 노영구, 「인조 초-丙子胡亂 시기 조선의 전술 전개」, 『한국사학보』 41, 고려사학회, 2010 참조.

23 李零 主編, 『中國兵書名著今譯』, 軍事譯文出版社, 1991, 344쪽.

24 정해은, 『조선의 무관과 양반사회』, 역사산책, 2020, 66쪽.

25 조선 후기 무과 직부전시에 대해서는 정해은, 「조선후기 무과(朝鮮後期 武科)의 직부전시(直赴殿試)」, 『군사』 31, 국방부 군사편찬연구소, 1995 참조.

26 『대전회통』 권4, 「병전·시취」.

27 『增補文獻備考』 卷191, 「武科」.

28 강석화, 「조선 후기 함경도의 친기위(親騎衛)」, 『한국학보』 23(4), 일지사, 1997.

29 『대전회통』 권4, 「병전·제도마병」.

30 『만기요람』 군정편 3, 「어영청 시예·관무재」.

31 『대전회통』 권4, 「시취·무과식년」.

32 조선 후기 전술 변화에 대해서는 노영구, 『조선후기의 전술』, 그물, 2016 등 참조.

33 김일환, 「이순신의 아산(牙山) 낙향과 무과 수련과정」, 『이순신연구논총』 30, 순천향대학교 이순신연구소, 2018, 27쪽.

34 유진 Y. 박, 앞의 책, 58-59쪽.

35 이준구, 『조선후기 신분직역변동연구』, 일조각, 1992, 94-96쪽; 정해은, 『조선의 무관과 양반사회』, 역사산책, 2020, 137쪽.

36 한성일, 『16세기 수군전술과 궁술』, 석사학위논문, 부산대학교, 2010, 50-52쪽.

37 노상추의 가계와 무과 준비, 『노상추일기』 등에 대해서는 문숙자, 『68년의 나날들, 조선의 일상사』, 너머북스, 2009; 정해은, 「18-19세기 무관의 시선에 비친 조선의 사회상」, 노상추, 『국역 노상추일기』 1, 국사편찬위원회 편집부 옮김, 국사편찬위원회, 2005 등 참조.

38 정해은, 『어느 경상도 양반가의 무관 진출기』, 세창출판사, 2023, 65쪽.

39 『대전회통』 권4, 「병전·시취·경기충청황해전라경상도선무군관」.

40 철전의 과녁에 해당하며, 80보를 기준으로 설치.

41 충청남도 외, 『조선전기 무과 전시의 고증 연구』, 충청남도 아산시 충남발전연구원, 1998, 138-146쪽.

42 김종수, 「17세기 訓鍊都監 軍制와 都監軍의 활동」, 『서울학연구』 2, 서울시립대학교 서울학연구소 편집부, 1994.

43 정해은, 앞의 책, 2020, 132-134쪽.

44 『訓局總要』 「官制」.

45 이하 내용은 장필기, 「조선후기 한성부 한 무관 집안의 가계 이력과 사회·경제적 지위」, 『역사와 실학』 30, 역사실학회, 2006; 임학성, 「호적 자료로 읽어본 어느 한 무관 일가의 서울 생활」, 『한양을 지켜라: 삼군영 소속 한 군인 집안의 고군분투기』, 서울역사박물관, 2020. 서울역사박물관에서 발행한 도록집을 참고하여 인용.

46 『禁衛營謄錄』 卷3, 丁卯(1687년) 2月 27日.

47 『속대전』 4권, 「병전·시취·무예포수」.

48 장필기, 『조선후기 무반벌열가문 연구』, 집문당, 2004, 35쪽.

49 이동규, 「조선후기 호적상 무임직역의 계승과 변동: 대구부 읍치와 외촌에 거주하는 몇몇 가계들을 사례로」, 『대동문화연구』 87, 성균관대학교 대동문화연구원, 2014; 유진 Y. 박, 앞의 책, 124-125쪽.

50 김종수, 『조선후기 중앙군제연구: 훈련도감의 설립과 사회변동』, 혜안, 2003, 44쪽.

51 육군군사연구소 엮음, 『한국군사사』 6, 경인문화사, 2012, 265-268쪽.

52 김종수, 「16세기 甲士의 消滅과 正兵立役의 變化」, 『국사관논총』 32, 국사편찬위원회, 1993.

53 『潛谷遺稿』 卷11, 「嘉善大夫行驪州牧使贈左議政原昌府院君元豪諡狀」.

54 『藥泉集』 卷22, 「贈左贊成鄭公請諡號行狀」.

55 『葛庵集』 別集 卷4, 「折衝將軍僉知中樞府事姜公墓表」.

56 『月沙集』, 「朔州府使 朴公墓碣銘」.

57 『松窩雜說』.

58 『記言』 別集 卷22, 「贈贊成李公墓表」.

59 『記言』 別集 卷23, 「宜春君碑文」.

60 『明齋遺稿』 卷40, 「慶尙左道兵馬節度使柳公墓碣銘」.

61 『明齋遺稿』 卷46, 「中部參奉梁公行狀」.

62 정재민, 「조선후기 설화에 나타난 무인의 위상과 문무관계」, 『한일군사문화연구』 21,

한일군사문화학회, 2016, 339-340쪽.

63 강효석 엮음, 『대동기문』下, 이민수 옮김, 명문당, 2000, 258쪽.

64 『葛庵集』續集 卷3,「嘉善大夫行平安道兵馬節度使兼安州牧使五衛都摠府副摠管許公神道碑銘」.

65 『松窩雜說』.

66 정해은, 앞의 논문, 2002, 144-145쪽.

67 『陶谷集』卷15,「黃海道兵馬節度使趙公墓碣銘」. 조선 후기 무반 벌열가문의 형성에 대해서는 장필기, 앞의 책, 2004 참조.

68 강응환의 가문과 무과 급제 등에 대해서는 송준호, 『조선사회사 연구: 조선사회의 구조와 성격 및 그 변천에 관한 연구』, 일조각, 1987, 389-396쪽 참조.

69 노영구, 「조선시대 《武經七書》의 간행과 활용의 양상」, 『조선시대사학보』 80, 조선시대사학회, 2017.

70 조선후기 각종 무과 별시에서는 수백~수천의 급제자가 배출되는 것이 일반적이었고, 심지어 숙종 2년(1676) 3월의 팔도정시무과에서 18,251명을 뽑기도 하였다. 김우진, 「17세기 후반 淸의 정세 변화와 숙종의 武人 양성: 閱武와 觀武才를 중심으로」, 『사림』 81, 수선사학회, 2022.

71 『經世遺表』卷12,「武科」. '오난설'에 대해서는 송준호, 「李朝 後期의 武科의 運營實態에 관하여: 丁茶山의 五亂說을 中心으로하여」, 『전북사학』 1, 전북사학회, 1977; 신대진, 「朝鮮後期 實學者의 文武에 대한 認識과 武科制 改善論」, 『경주사학』 14, 경주사학회, 1995 등 참조.

72 이익의 무과 개선안에 대해서는 정은란, 「성호(星湖) 이익(李瀷)의 무(武)인식과 武人養成論」, 『조선시대사학보』 65, 조선시대사학회, 2013 참조.

73 신대진, 앞의 논문, 24-30쪽.

74 피수경, 「정약용의 무과제도 개혁안」, 『조선시대사학보』 69, 조선시대사학회, 2014, 281-283쪽.

『葛庵集』.

『經世遺表』.

『經濟野言』.

『禁衛營謄錄』.

『記言』.

『農圃問答』.

『대전회통』.

『陶谷集』.

『만기요람』.

『明齋遺稿』.

『비변사등록』.

『星湖僿說』.

『속대전』.

『松窩雜說』.

『승정원일기』.

『藥泉集』.

『月沙集』.

『林下筆記』.

『潛谷遺稿』.

『조선왕조실록』(태조실록, 태종실록, 세종실록, 성종실록, 중종실록, 선조실록, 광해군일기, 인조실록, 효종실록, 현종실록, 영조실록).

『訓局總要』.

강석화, 「조선 후기 함경도의 친기위(親騎衛)」, 『한국학보』 23(4), 일지사,
    1997.

강효석 엮음, 『대동기문』(下), 이민수 옮김, 명문당, 2000.

『국역 기문총화』, 김동욱 옮김, 아세아문화사, 1996.

권오영, 『최한기의 학문과 사상 연구』, 집문당, 1998.

김선주, 『조선의 변방과 반란, 1812년 홍경래 난』, 김범 옮김, 푸른역사,
    2020.

김영수, 『세종대의 정치와 사상』, 포럼, 2022.

김우진, 「17세기 후반 淸의 정세 변화와 숙종의 武人 양성: 閱武와 觀武才를
    중심으로」, 『사림』 81, 수선사학회, 2022.

김일환, 「이순신의 아산(牙山) 낙향과 무과 수련과정」, 『이순신연구논총』 30,
    순천향대학교 이순신연구소, 2018.

김종수, 「16세기 甲士의 消滅과 正兵立役의 變化」, 『국사관논총』 32, 국사편
    찬위원회, 1993.

_____, 「17세기 訓鍊都監 軍制와 都監軍의 활동」, 『서울학연구』 2, 서울시
    립대학교 서울학연구소 편집부, 1994.

_____, 『조선후기 중앙군제연구: 훈련도감의 설립과 사회변동』, 혜안,
    2003.

김홍백, 「유몽인의 〈안변삼십이책〉 연구: 조선 중기 문학에서의 '정치(政治)'
    의 한 사례로서」, 『민족문학사연구』 48, 민족문화사학회, 2012.

_____, 「문-무에 대한 세 가지 담론」, 『이화어문논집』 50, 이화어문학회,
    2020.

나영일, 『《무과총요》 연구』, 서울대학교출판부, 2005.

노영구, 「인조초: 병자호란 시기 조선의 전술 전개」, 『한국사학보』 41, 고려 사학회, 2010.

_____, 『조선후기의 전술』, 그물, 2016.

_____, 「조선시대 《武經七書》의 간행과 활용의 양상」, 『조선시대사학보』 80, 조선시대사학회, 2017.

_____, 『한국의 전쟁과 과학기술문명』, 들녘, 2022.

도현철, 「대책문을 통해 본 정몽주의 국방 대책과 문무겸용론」, 『한국중세 사연구』 26, 한국중세사학회, 2009.

류장민, 『조선시대 중앙 무학 교육기관 연구』, 석사학위논문, 건국대학교, 2022.

문숙자, 『68년의 나날들, 조선의 일상사』, 너머북스, 2009.

박종배, 「조선시대 무학 별설론 연구」, 『한국교육사학』 36(4), 한국교육사학 회, 2014.

_____, 「읍지(邑誌)에 나타난 조선후기의 무학(武學)」, 『교육사학연구』 26(2), 교육사학회, 2016.

송준호, 「李朝 後期의 武科의 運營實態에 관하여: 丁茶山의 五亂說을 中心 으로하여」, 『전북사학』 1, 전북사학회, 1977.

_____, 『조선사회사 연구: 조선사회의 구조와 성격 및 그 변천에 관한 연 구』, 일조각, 1987.

신대진, 「朝鮮後期 實學者의 文武에 대한 認識과 武科制 改善論」, 『경주사 학』 14, 경주사학회, 1995.

심승구, 「조선전기의 관무재(觀武才) 연구」, 『향토서울』 65, 서울역사편찬원, 2005.

오수창, 『조선후기 평안도 사회발전 연구』, 일조각, 2002.

유진 Y. 박, 『조선무인의 역사, 1600-1894』, 유현재 옮김, 푸른역사, 2018.

육군군사연구소 엮음, 『한국군사사』 5-7, 경인문화사, 2012.

윤훈표, 「조선초기 무과제도 연구」, 『학림』 9, 연세사학연구회, 1987, 15쪽,

이동규, 「조선후기 호적상 무임직역의 계승과 변동: 대구부 읍치와 외촌에 거주하는 몇몇 가계들을 사례로」, 『대동문화연구』 87, 성균관대학교 대동문화연구원, 2014.

이준구, 「조선후기의 〈무학(武學)〉 고(攷)」, 『대구사학』 23, 1983.

_____, 『조선후기 신분직역변동연구』, 일조각, 1992.

임학성, 「호적 자료로 읽어본 어느 한 무관 일가의 서울 생활」, 『한양을 지켜라: 삼군영 소속 한 군인 집안의 고군분투기』, 서울역사박물관, 2020.

장필기, 『조선후기 무반벌열가문 연구』, 집문당, 2004.

_____, 「조선후기 한성부 한 무관 집안의 가계 이력과 사회·경제적 지위」, 『역사와 실학』 30, 역사실학회, 2006.

정은란, 「성호(星湖) 이익(李瀷)의 무(武)인식과 武人養成論」, 『조선시대사학보』 65, 조선시대사학회, 2013.

정해은, 「조선후기 무과(朝鮮後期 武科)의 직부전시(直赴殿試)」, 『군사』 31, 국방부 군사편찬연구소, 1995.

_____, 「17세기 상천 무과급제자에 대한 차별과 사족의 권무」, 『조선시대사학보』 42, 조선시대사학회, 2002.

_____, 「18-19세기 무관의 시선에 비친 조선의 사회상」, 『국역 노상추일기』 1, 국사편찬위원회, 2005.

_____, 「조선후기 설화에 나타난 무인의 위상과 문무관계」, 『한일군사문화연구』 21, 한일군사문화학회, 2016.

_____, 『조선의 무관과 양반사회』, 역사산책, 2020.

_____,『어느 경상도 양반가의 무관 진출기』, 세창출판사, 2023.

최문주,『조선시대 武經七書 도입과 활용에 관한 연구』, 석사학위논문, 한
　　　국학중앙연구원, 2016.

최영진,「조선시대 문/무에 대한 인식과 이론적 근거」,『유교사상문화연구』
　　　41, 한국유교학회, 2010.

충청남도 아산시 충남발전연구원,『조선전기 무과 전시의 고증연구』, 1998.

피수경,「정약용의 무과제도 개혁안」,『조선시대사학보』 69, 조선시대사학
　　　회, 2014.

한성일,『16세기 수군전술과 궁술』, 석사학위논문, 부산대학교, 2010.

허태구,『정조의 무치』, 휴머니스트, 2020.

李零 主編,『中國兵書名著今譯』, 軍事譯文出版社, 1991.